ACCESO GRATIS *a la Lectura en la Nube*

Para visualizar el libro electrónico en la nube de lectura envíe junto a su nombre y apellidos una fotografía del código de barras situado en la contraportada del libro y otra del ticket de compra a la dirección:

ebooktirant@tirant.com

En un máximo de 72 horas laborales le enviaremos el código de acceso con sus instrucciones.

ROBO CON VIOLENCIA O INTIMIDACIÓN EN LAS PERSONAS

Artículos 432, 433 y 436 inciso primero del Código Penal Chileno

Doctrina, Jurisprudencia, Política Criminal, Derecho Comparado

ROBO CON VIOLENCIA O INTIMIDACIÓN EN LAS PERSONAS

Artículos 432, 433 y 436 inciso primero del Código Penal Chileno

Doctrina, Jurisprudencia, Política Criminal, Derecho Comparado

CARLOS KÜNSEMÜLLER LOEBENFELDER

tirant lo blanch
Valencia, 2025

En caso de erratas y actualizaciones, la Editorial Tirant lo Blanch publicará la pertinente corrección en la página web www.tirant.com.

Director de la Colección:

JOSÉ LUIS GONZÁLEZ CUSSAC

Catedrático de Derecho Penal

Universitat de València

EDITA: TIRANT LO BLANCH
C/ Artes Gráficas, 14 - 46010 - Valencia
TELFS.: 96/361 00 48 - 50
FAX: 96/369 41 51
Email: tlb@tirant.com
www.tirant.com
Librería virtual: https://editorial.tirant.com/cl
ISBN: 978-84-1095-771-8
MAQUETA: Tink Factoría de Color

Si tiene alguna queja o sugerencia, envíenos un mail a: *atencioncliente@tirant.com*. En caso de no ser atendida su sugerencia, por favor, lea en *www.tirant.net/index.php/empresa/politicas-de-empresa* nuestro procedimiento de quejas.

Responsabilidad Social Corporativa: http://www.tirant.net/Docs/RSCTirant.pdf

Agradecimientos

A la editorial Tirant lo Blanch, por confiar nuevamente en el autor y aceptar publicar el texto que se pone a disposición de los lectores.

Al inolvidable maestro Alfredo Etcheberry (QEPD), quien, desde el otro lado del camino, acompaña a su ya envejecido discípulo.

A Paola Barraza, funcionaria ejemplar del Poder Judicial, por su permanente, leal y eficiente colaboración.

El autor

Índice

Presentación

Esta monografía tiene por objeto complementar una anterior, publicada por Tirant lo blanch en el año 2024, en la que el autor presentó un estudio sobre los delitos de hurto, robo con fuerza en las cosas y robo por sorpresa.

En la actual publicación se revisa el más grave de los delitos de apropiación por medios materiales, cual es el robo con violencia o intimidación en las personas, ilícito de carácter pluriofensivo y que, por esta misma característica, está amenazado con las más altas penas privativas de libertad asignadas a los delitos contra la propiedad en el Título IX del Libro II del Código Penal.

Abreviaturas

ADPCP	Anuario de Derecho Penal y Ciencias Penales
APCP	Anteproyecto de Código Penal
CR	Comisión Redactora del Código Penal
GJ	Gaceta Jurídica
ICP	Instituto de Ciencias Penales
RCP	Revista de Ciencias Penales
RDJ	Revista de Derecho y Jurisprudencia
REJ	Revista de Estudios de la Justicia
SCS	Sentencia de Corte Suprema
SCA	Sentencia de Corte de Apelaciones
STS	Sentencia Tribunal Supremo Español
TOP	Tribunal Oral en Lo Penal
TSE	Tribunal Supremo Español

Capítulo I

Conceptos generales[1]

1. BIENES JURÍDICOS PROTEGIDOS

La expresión "bienes jurídicos protegidos", alude a una pluralidad de valores o intereses jurídicamente tutelados, toda vez que el tipo penal de robo violento atenta no sólo contra el derecho de propiedad, entendido en su sentido amplio, sino también en contra de bienes jurídicos personalísimos, como la vida, la integridad corporal, la salud individual, la libertad ambulatoria, de los que es titular el sujeto pasivo de la apropiación o un tercero que se opone a ella.

El Título IX del Libro Segundo del Código Penal se denomina "Delitos contra la propiedad", haciendo referencia a un concepto —propiedad— proveniente del Código Civil, texto legal que en su artículo 582 lo define como "el derecho real en una cosa corporal, para gozar y disponer de ella arbitrariamente, no siendo contra ley o derecho ajeno". Por su parte, la Constitución Política de la República que nos rige asegura "a todas las personas el derecho de propiedad en sus diversas especies sobre toda clase de bienes, corporales e incorporales", concepto amplio, plenamente compatible con la diversidad de ataques que a ese derecho se contemplan en el Título IX del Libro Segundo del Código Penal[2]. Son numerosos los autores que concuerdan en que el concepto penal de propiedad no coincide plenamente con la definición del Código Civil, sino que tiene un alcance "considerablemente más amplio"[3].

---

1 Künsemüller (2024), *Delitos contra los valores patrimoniales cometidos mediante apropiación por medios materiales*, pp. 19-23.

2 Matus, Jean Pierre/Ramírez, María Cecilia (2021), Manual de Derecho Penal. Parte Especial, p. 512.

3 Oliver, Guillermo (2013), *Delitos contra la Propiedad*, p. 34.

Con anterioridad a las interpretaciones de los autores recién citados (a pie de página), Etcheberry había advertido que el Código Penal emplea la expresión "propiedad" en un sentido amplio, que incluye, desde luego, la propiedad dominical definida en el artículo 582 del Código Civil, pero que se extiende igualmente a la propiedad entendida como el vínculo que une al sujeto con todos los derechos de que es titular y que sean económicamente apreciables, esto es, tanto a los derechos reales que no son el dominio (como el usufructo), como los derechos personales o créditos[4]. Precisando más los alcances de su interpretación, el penalista explica que la voz "propiedad" está empleada en el Código Penal en un sentido amplio, tal como lo hace la Constitución Política, que va más allá de la propiedad dominical, no cabiendo duda que la garantía constitucional se extiende a todos los derechos patrimoniales, de manera que se protege el dominio y además los otros derechos reales, también los derechos personales o créditos, e incluso formas más alejadas de vinculación con las cosas, como la posesión y la mera tenencia[5]. Este punto de vista tiene particular relevancia a propósito del tipo de robo con violencia o intimidación, ya que el sujeto pasivo de la coacción que ejerce el autor puede ser un "no propietario", sino un mero tenedor de la cosa mueble arrebatada, que el dueño le encomendó transportar a algún lugar. En una obra reciente sobre esta materia, el autor postula el concepto "delitos contra el patrimonio o delitos patrimoniales", sobre la base de la opinión doctrinaria, que atribuye a la voz "propiedad" un sentido amplio y flexible y de lo dispuesto en el artículo 19 Nº. 24 de la Carta Fundamental[6].

En el ámbito del Derecho Comparado, cabe mencionar al Código Penal español, que tipifica en su Título XIII, los

---

4 Etcheberry, Alfredo (1998), *Derecho Penal. Parte Especial*, T. III, 3ª edición, p. 287.

5 Ibídem.

6 Oliver, Guillermo (2022), "Delitos contra la propiedad", en *Derecho Penal. Parte Especial*, T. II, Obra colectiva, dirigida por Luis Rodríguez Collao, Derecho PUCV, Tirant lo Blanch, p. 214.

"Delitos contra el patrimonio y contra el orden socio-económico", apuntando la doctrina especializada que, para los fines del Derecho Penal forman parte del patrimonio los derechos reales, como la propiedad, las obligaciones y la posesión, "que es una relación fáctica que liga al sujeto con una cosa"[7]. Con referencia al bien jurídico "patrimonio", y a partir de una concepción mixta, jurídico-económica, otro penalista hispano lo define como *el conjunto de valores económicos jurídicamente reconocidos*, comprendiendo cosas muebles e inmuebles, propiedad, posesión, derechos de crédito, derechos de uso y demás derechos reales y personales, valorables en dinero, con tal que tengan reconocimiento por parte del Derecho[8].

En el ámbito de las propuestas de *lege ferenda*, el APCP 2005 emplea en la denominación del Título VIII, la terminología "Delitos contra la propiedad y el patrimonio". El APCP 2013, rotula "Delitos contra la propiedad" el capítulo respectivo. El Título VI del APCP 2015 lleva por título "Delitos contra los derechos patrimoniales", distinguiendo bajo este rótulo, entre "Delitos contra la propiedad" y "Delitos contra el patrimonio". El Proyecto de Código Penal para Chile (2016), mantiene en el Título VII la denominación tradicional "Delitos contra la propiedad", estimando su autor que esta terminología es preferible, en vez de las más recientes, como "Delitos contra el patrimonio" u otras. La voz "propiedad" está tomada en su amplio sentido constitucional y no en el sentido civilista más restringido que la hace sinónimo de dominio[9]. En el APCP 2018, que ha servido de modelo inspirador al proyecto gubernativo de nuevo Código Penal, enviado al Parlamento en Enero de 2022, el Título VI se denomina "Delitos contra la propiedad y los derechos sobre cosas" y el Título VII, "Delitos contra el patrimonio y otros intereses económicos".

---

7 Muñoz Conde, Francisco (2017), *Derecho Penal. Parte Especial*, 21ª. edición, Tirant lo Blanch, p. 330.

8 González Rus, Juan José (2000), *Compendio de Derecho Penal Español (Parte Especial)*, Marcial Pons, p. 377.

9 Etcheberry, Alfredo (2016), *Proyecto de Código Penal para Chile*, p. 37.

Como hemos expresado en anteriores escritos[10], está fuera de discusión que la garantía constitucional se extiende a todos los derechos patrimoniales —propiedad y demás de esta clase— esto es, todos los valores —bienes y derechos económicamente avaluables— integrantes de un segmento (activo) de la universalidad jurídica que constituye el patrimonio. Podría hablarse —expresa Etcheberry— de "delitos contra los derechos patrimoniales", pero precisamente a este conjunto de derechos es a lo que denomina la Constitución Política "propiedad"[11].

Ha de tenerse en cuenta que la disciplina penal no es un mero recipiente de conceptos e instituciones provenientes de otros sectores del ordenamiento jurídico, influyentes, en determinadas situaciones, en la codificación penal. El Derecho Punitivo construye con autonomía y para sus fines propios, su concepto jurídico para expresiones como "propiedad", "cosa mueble" y otras, no estando obligado el intérprete a utilizar los mismos criterios definitorios empleados en otras ramas del Derecho[12]. Ahora bien, no cabe desconocer que en el Título IX del Código, y a través de "delitos complejos" (p. ej., robo con violencia o intimidación en las personas) agrupados bajo el rótulo "Delitos contra la propiedad", se otorga tutela a otros bienes jurídicos, de indudable y superior jerarquía constitucional, como la vida humana autónoma, la salud individual, la libertad ambulatoria, pero la pluriofensividad de tales agresiones no elimina la relación de carácter patrimonial, como objeto jurídico de protección penal.

Estimando que no resulta productivo adentrarse en discrepancias terminológicas, utilizamos la nomenclatura "Delitos contra los valores patrimoniales", que nos parece

---

10 Künsemüller (2024), *Delitos contra los valores patrimoniales cometidos mediante apropiación por medios materiales.*

11 Etcheberry (1998), cit., p. 288.

12 Etcheberry (1998), cit., p. 289; Oliver (2022), cit., p. 219.

dotada de la amplitud y flexibilidad con que se busca interpretar el concepto legal "propiedad"[13].

2. CLASIFICACIONES DE LOS DELITOS

La sistematización que propone Etcheberry es acogida por la mayoría de la doctrina, distinguiendo entre delitos de apropiación y delitos de destrucción. En el primer grupo se introduce la subclasificación delitos de apropiación por medios materiales y delitos de apropiación por medios inmateriales[14].

En los delitos de apropiación —que algunos autores denominan *delitos cometidos con ánimo de enriquecimiento*— la conducta típica consiste en el apoderamiento de una cosa ajena, en un desplazamiento fáctico del objeto, que es extraído de la esfera de resguardo patrimonial del titular e ingresado al ámbito de custodia del sujeto activo (en la medida que haya consumación).

Tratándose de los delitos de apropiación por medios materiales, es la actividad física desplegada por el agente la que provoca de hecho el desplazamiento patrimonial de la cosa ajena, actividad física dirigida a la apropiación de la misma, y que puede recaer sobre la cosa objeto material del delito (hurto) o sobre los resguardos que la protegen (robo con fuerza en las cosas) o sobre una persona, sea el titular o un tercero, vinculado al titular o a la defensa de la cosa (robo con violencia o intimidación en las personas).

En la categoría de los delitos de apropiación por medios inmateriales, en que se encuentra la *vasta familia de las defraudaciones*[15], el comportamiento típico no es de carácter material, sino de índole incorporal, representado esencial-

---

13 Oliver (2022) cit., p. 214; Künsemüller (2024), cit., p. 22.

14 Etcheberry (1998), cit., p. 287.

15 Etcheberry (1998), cit., p. 377.

mente por el engaño y el incumplimiento voluntario de determinadas obligaciones jurídicas.

Los delitos de destrucción, también denominados *delitos sin fin de enriquecimiento,* tienen como característica esencial, la circunstancia de que el agente no persigue la apropiación de la cosa ajena, sino su deterioro, su menoscabo. El desplazamiento patrimonial fáctico no constituye un elemento del tipo, podrá estar o no presente[16].

3. EXENCIÓN DE RESPONSABILIDAD PENAL

A esta circunstancia eximente se la denomina comúnmente *excusa legal absolutoria,* de carácter personal, cuyo fundamento reside en razones de Política Criminal, que el legislador estimó de suficiente peso como para liberar de sanción penal a los individuos comprendidos en la causal, que no se apoya ni en la ausencia de acción, ni de tipicidad, ni de antijuridicidad, ni de culpabilidad. Hay delito, pero no hay sanción[17], lo que se ve ratificado por el hecho de que la exención no favorece a los extraños que participaren en el delito y por la responsabilidad civil que la ley deja subsistente.

Originalmente, la excusa propuesta en la Comisión Redactora del Código Penal abarcaba el delito de robo, pero en la Sesión 108, tuvo acogida la observación del comisionado señor Rengifo, en cuanto a que no debía hacerse extensiva al delito de robo, *porque en él hai un ataque las personas que no interesa sólo al ofendido sino que importa un amenaza a la sociedad i que esta debe penar en todo caso.* La observación transcrita estaba, en el fondo, planteando el carácter *pluriofensivo* del delito de robo, nota que le reconocemos al robo violento o con intimidación, pero no al robo con fuerza

---

16 Oliver (2022), cit., p. 214 y s.s.

17 Etcheberry (1998), cit., pp. 291-292.

en las cosas[18]. En definitiva, quedó restringida la exención a los delitos de hurto, defraudaciones y daños, en que no concurre ni la fuerza sobre los medios de resguardo, ni la *vis absoluta* o la *vis compulsiva,* como medios para lograr la apropiación de la cosa mueble ajena.

La nómina de beneficiados con la excusa legal absolutoria se ha visto modificada a través de varias disposiciones legales más o menos recientes. La Ley 20.830, de 2015, añadió en el numeral 6. a los convivientes civiles, a continuación de los cónyuges. En virtud de la Ley 20.480, de 2020, quedaron excluidos de la excusa los cónyuges cuando se trate del delito de daños, que debe entenderse cometido recíprocamente. La exención queda excluida cuando la víctima sea una persona mayor de sesenta años. (Ley 20.427, de 2010).

En esta materia, y en la perspectiva político-criminal, el APCP 2005 propone en el artículo 165 una eximente de responsabilidad penal en favor de los padres, hijos y cónyuges que cometan recíprocamente determinados hechos delictivos, quedando a salvo su responsabilidad civil y la penal de los extraños que tomaren parte en el delito. El Proyecto de Código Penal para Chile (2016), redactado por el profesor Etcheberry, contempla en su artículo 251 la misma eximente de responsabilidad penal, en favor de quienes perpetraren ciertos delitos, en perjuicio de sus familiares, con excepción de los hermanos, respecto de los cuales sólo puede aplicarse si vivieren juntos. La excusa no procede cuando se hubiere empleado violencia en la ejecución de alguno de los delitos; tampoco se extenderá a los que no fueren familiares de la víctima[19].

Consideramos útil tener presente la excusa absolutoria entre parientes consagrada en el artículo 268 del Código Penal español, al tenor del cual están exentos de responsabilidad criminal por los delitos patrimoniales que se causaren entre sí, siempre que no concurra violencia o intimi-

---

18 Künsemüller (2024), cit., pp. 53 y s.s.
19 Künsemüller (2024), cit., p. 24.

dación, o abuso de la vulnerabilidad de la víctima, ya sea por razón de edad, o por tratarse de una persona con discapacidad, *los cónyuges que no estuvieren separados legalmente o de hecho o en proceso judicial de separación, divorcio o nulidad de matrimonio y los ascendientes, descendientes y hermanos por naturaleza o por adopción, así como los afines en primer grado si viviesen juntos.* Sin perjuicio de reconocer el carácter amplio de la excusa o causa personal de exclusión de la pena, se objeta la interpretación efectuada por alguna sentencia (STS 1801, 20.12.2000), que la entiende aplicable a los hermanos que no viven juntos[20].

En el ámbito latinoamericano cabe citar el Código Penal peruano (edición 2007), cuyo artículo 208 establece una "Excusa absolutoria-exención de la pena", en los siguientes términos: No son reprimibles, sin perjuicio de la reparación civil, los hurtos, apropiaciones, defraudaciones o daños que se causen:

1. Los cónyuges, concubinos, ascendientes, descendientes y afines en línea recta.
2. El consorte viudo, respecto de los bienes de su difunto cónyuge, mientras no hayan pasado a poder de tercero.
3. Los hermanos y cuñados, si viviesen juntos.

---

20 Muñoz Conde, Francisco (2017), *Derecho Penal. Parte Especial,* Tirant lo Blanch, p. 331.

Capítulo II

El tipo de robo con violencia o intimidación en las personas

1. CARACTERÍSTICAS

1.1. Elementos objetivos

1. Este delito constituye la máxima o mayor agresión al bien jurídico propiedad (y, en su caso, a los otros bienes jurídicos protegidos), en atención a los medios utilizados para obtener la apropiación de la cosa ajena, medios que, por sus características y efectos potenciales, al ser empleados, lesionan o ponen en grave peligro los intereses jurídicamente cautelados, en particular, cuando se trata, como en la especie, de una figura *pluriofensiva* o *compleja*. "El robo con violencia constituye un delito de resultado, que es pluriofensivo, esto es, afecta varios bienes jurídicos, como la vida, la integridad física, seguridad de la persona y la propiedad"[21].

Estos caracteres se ven reflejados en la severidad de las penas establecidas en los artículos 433 y 436 inciso 1° del Código Penal.

2. La Comisión Redactora de nuestro texto legal se apartó del criterio seguido en la Ley de Hurtos y Robos de 1849, reflejado en numerosas legislaciones, que distinguía entre hurto y robo violento, dejando al robo con fuerza en las cosas como una figura de hurto agravado, adoptando, en cambio, el sistema del Código español, que distinguía entre hurto, robo con fuerza en las cosas y robo con violencia

---

21 STOP Punta Arenas, 20.11.2003, *Legal Publishing*, N°. 29588.

o intimidación, modelo que se mantiene hasta hoy día en dicho Código, con amplia objeción doctrinaria[22].

3. Tratándose de un delito de apropiación por medios materiales, le son aplicables los elementos típicos generales —positivos— comunes al hurto y a las formas de robo, contenidos en la descripción del artículo 432 del Código Penal —apropiación, cosa mueble ajena, sin la voluntad del dueño, *animus rem sibi habendi,* ánimo de lucro— que la doctrina nacional analiza con detalle[23]. El *valor de la cosa sustraída* carece aquí de relevancia, ya que la magnitud de la pena no está conectada a este elemento, tal como ocurre en el robo con fuerza en las cosas.

4. Dentro del párrafo 2 del Título Noveno del Código Penal se contienen varias figuras delictivas. A saber: el denominado *robo simple (a*rtículo 436 inciso 1°); el llamado *robo calificado* (artículo 433), figura ésta, que comprende el robo con homicidio, el robo con violación, el robo con mutilaciones o con lesiones gravísimas, el robo con lesiones simplemente graves y el robo con retención[24].

Si bien el inciso segundo del artículo 436 asimila el robo por sorpresa al robo con violencia o intimidación ("se considerará como robo"), es opinión dominante la de que esta conducta pertenece más bien a la órbita del delito de hurto —agravado si así se acordare— que a la del robo con violencia[25]. En tal virtud, nuestro análisis se circunscribe únicamente a las conductas descritas en el inciso 1° del artículo 436 y en el artículo 433, del estatuto punitivo.

---

[22] Künsemüller (2024), cit., p. 53.

[23] Etcheberry (1998), cit., pp. 295-307; Oliver (2022), cit., pp. 220-234; Künsemüller (2024), cit., pp. 26-44.

[24] Oliver (2022), cit., p. 290.

[25] Oliver (2022), cit., p. 328; Mera, Jorge (1994), "Hurto y Robo. Estudio Dogmático y Político-Criminal", *Cuadernos de Análisis Jurídico,* Universidad Diego Portales, p. 96; Künsemüller (2024), cit., pp. 85 y s.s.; del mismo autor, (2005) "El robo por sorpresa no es una modalidad genuina de robo", *Revista de Derecho y Ciencias Penales,* Universidad San Sebastián, N°. 7.

5. La conducta punible es la *apropiación* de la cosa ajena con ánimo de señor y dueño, lograda, en este caso, mediante violencia o intimidación en las personas. Ahora bien, en cuanto a que la apropiación, entendida como un apoderamiento mediante la sustracción de un objeto, ha de concurrir, como requisito general, en todas las hipótesis descritas en el artículo 432, algunos autores postulan que, tratándose del robo con violencia o intimidación, tal aserto requiere ciertas matizaciones, en relación a los medios coercitivos que se emplean para hacerse el agente con la especie ajena. La conducta típica puede consistir en una *sustracción*, cuando se utiliza la *vis absoluta* o la amenaza para impedir la resistencia u oposición al arrebatamiento de la cosa, ya que en este supuesto el hechor debe sustraer, quitar la cosa al sujeto pasivo; cuando los medios de comisión se emplean para hacer que la cosa se entregue o para que se manifieste su lugar de ubicación, no hay sustracción, ya que es el propio sujeto pasivo de la coacción quien se le entrega al sujeto activo o le indica donde se halla, limitándose éste a recibirla o tomarla[26]. Estas precisiones se vinculan a lo declarado por el artículo 439 del Código Penal, en cuanto a los conceptos de violencia e intimidación: "Para los efectos del presente párrafo se estimarán por violencia o intimidación en las personas los malos tratamientos de obra, las amenazas para hacer que se entreguen o manifiesten las cosas, ya para impedir la resistencia u oposición a que se quiten, o cualquier otro acto que pueda intimidar o forzar a la manifestación o entrega. Hará también violencia el que para obtener la entrega o manifestación alegare orden falsa de alguna autoridad, o la diere por sí fingiéndose ministro de justicia o funcionario público". Actualmente, cabe tener en cuenta que la Ley 21.170 de 2019, agregó la siguiente oración a continuación del punto final que cerraba el precepto original: "Por su parte, hará también intimidación el que para apropiarse u obtener la entrega o manifestación

---

26 Politoff, Sergio *et.al*, (2005), *Lecciones de Derecho Penal Chileno. Parte General*, p. 355; Oliver (2022), cit., p. 292.

de un vehículo motorizado o de las cosas ubicadas dentro del mismo, fracture sus vidrios, encontrándose personas en su interior, sin perjuicio de la prueba que se pudiere presentar en contrario".

La observación de que el artículo 439 contiene un concepto "ampliado" de violencia[27], "a un extremo muy discutible"[28], *violencia ficta,* mediante comportamientos que son medios engañosos, [29] cabría también formularla, a nuestro juicio, a la extensión dada al concepto intimidación, después de la modificación última recién citada. No parece estar clara la diferencia con la figura de robo con fuerza en las cosas introducida al artículo 443 del Código Penal (inciso 3°), por la misma Ley 21.170: "Se considerará robo y se castigará con la pena del inciso precedente la apropiación de un vehículo motorizado mediante la generación de cualquier maniobra distractora cuyo objeto sea que la víctima abandone el vehículo, fuera de los casos a los que se refiere el artículo 436". La acción de fracturar (romper o quebrantar) los vidrios de un vehículo, para lograr apoderarse del mismo, estando personas en su interior, ¿no constituirá una maniobra distractora dirigida a lograr que ellas lo abandonen y el autor, transformado *de hecho* en dueño, pueda huir con la máquina? Las expresiones "hará también violencia" y "hará también intimidación" parecen ser indicativas de una forzada asimilación legislativa al genuino robo con violencia o intimidación en las personas, de conductas que no encuadran plenamente en la apropiación calificada por el medio comisivo particularmente grave[30]. ¿Significarán que ciertos actos —no propiamente constitutivos de violencia o intimidación— son asimilados a estos medios comisivos, en una concepción *ficta* de los

---

27 Etcheberry (1998), cit., p. 335.

28 Garrido, Mario (2008), 4ª Edición, *Derecho Penal,* T. IV, Parte Especial, p. 185.

29 Oliver (2022), cit., p. 293.

30 Künsemüller (2005), "El robo por sorpresa no es una modalidad genuina de robo", en *Revista de Derecho y Ciencias Penales,* Universidad San Sebastián, N°. 7.

mismos? Semejante técnica, objetable, por cierto, la ha utilizado el legislador en el tipo penal de robo por sorpresa, contenido en el artículo 436, inciso 2° del Código Penal: "Se considerará como robo...", fórmula legal que implica el dar tratamiento de robo a un tipo que no le es propio, a un caso tratado "como si fuera robo", pero que no lo es[31].

6. Por violencia se entiende el empleo efectivo de fuerza física, la que actúa como medio de comisión cuando se aplica energía física directamente sobre la víctima, v. gr., "se le golpea, se le ata, se le amordaza, se le sujeta, se le hiere, se le da muerte por un medio vulnerante"[32]. La energía o fuerza física constitutiva de apropiación es la que se despliega *sobre el cuerpo de una persona,* lo que se desprende del propio texto legal, ya que el epígrafe del párrafo 2. del Título IX del Código se denomina "Del robo con violencia o intimidación *en las personas*", característica que recalcan el encabezado del artículo 433 y el artículo 439[33]. A partir de este precepto legal, definitorio de lo que se entiende por violencia, este medio comisivo se identifica con la energía o fuerza física empleada sobre la víctima, los "malos tratamientos de obra" para hacer que se entreguen o manifiesten las cosas o para impedir la resistencia a que se quiten[34]. La *vis absoluta* ha de ser dirigida contra el cuerpo de la propia víctima de la apropiación; en caso de dirigirse contra el cuerpo de un tercero, se configura una hipótesis de intimidación[35]. Garrido incluye como destinatario de la violencia a un tercero, como en el caso en que se la ejerce sobre la criada de la casa para que indique el lugar donde la dueña guarda sus joyas[36], hipótesis en la cual, a nuestro entender —y sin perjuicio del análisis crítico de *lege ferenda* que se formula en líneas posteriores— se daría la intimidación,

---

31 Künsemüller (2005), cit.; (2024), cit., pp. 85 y s.s.

32 Etcheberry (1998), cit., p. 335. En igual sentido, Garrido (2008), cit., p. 184.

33 Oliver (2022), cit., p. 293.

34 Matus/Ramírez (2021), cit., p. 562.

35 Oliver (2022), cit., p. 293.

36 Garrido (2008), cit., p. 185.

por tratarse de "otro acto que puede intimidar o forzar a la manifestación o entrega" (artículo 439).

En relación al artículo 242 del Código Penal español, que trata del delito de robo con violencia o intimidación en las personas, la doctrina mayoritaria entiende por violencia la denominada "violencia propia", esto es, todo acometimiento físico de carácter agresivo que constituya ejercicio de fuerza física sobre las personas. Constituye ejercicio de violencia a los efectos del delito de robo lesionar o golpear a la víctima, empujarla, sujetarla, inmovilizarla, etc[37]. Entre las opiniones vertidas antes de la reforma de 1995, destaca la de Rodríguez Devesa, quien entendía que no importa sobre quien recae la violencia, puede ser un tercero que trata de impedir la sustracción o incluso, basta que se trate de una persona de quien el sujeto pasivo espere, fundadamente o no, que se puede oponer al apoderamiento[38].

Según ya se indicó con anterioridad, varios autores elevan fundadas críticas por el sentido excesivamente amplio que atribuye el artículo 439 al concepto de violencia, llevándolo a un extremo muy discutible[39], que determina a calificarla de *violencia ficta*[40]. En la parte que el texto legal asimila a la *vis absoluta* el alegar orden falsa de alguna autoridad, o darla por sí, fingiéndose ministro de justicia o funcionario público, la doctrina advierte que en esta situación "hay astucia o engaño"[41], que guarda mucha semejanza con la hipótesis del numeral 3° del artículo 440, entrar al lugar del robo mediante simulación de autoridad, que constituye "un comportamiento evidentemente engañoso"[42], notoriamente alejado de la fuerza física, misma característica que

---

37 Jesús-María Silva Sánchez (dir.) / Ramon Ragués i Vallés (coord.) 2019, *Lecciones de Derecho Penal. Parte Especial, Delitos contra el patrimonio (I),* capítulo a cargo de Ricardo Robles Planas, p. 245.

38 Rodríguez Devesa, José María (1975), Derecho Penal Español. Parte Especial, p. 380.

39 Garrido (2008), cit., p. 185.

40 Oliver (2022), cit., p. 293.

41 Etcheberry (1998), cit., p. 337.

42 Garrido (2008), cit., p. 185.

cabe asignar a la forma de violencia (*ficta)* dirigida a engañar a la víctima para lograr su entrega o manifestación de la cosa[43].

7. La intimidación es la amenaza de emplear en forma inmediata fuerza física y no de otra cosa, es crear en la víctima el temor de un daño físico inmediato, sea que la amenaza se efectúe de manera explícita o se desprenda inequívocamente de las circunstancias (poner el revólver al pecho)[44]. La intimidación —que no es una agresión física, un acometimiento material— corresponde a lo que se denomina en general *vis compulsiva*, pero tiene la característica de que en el caso del robo ha de consistir en la amenaza dirigida a una persona, de que se le infligirá un mal de manera inmediata si no procede a la entrega de una cosa mueble o renuncia a impedir que quien la expresa se apropie de esa cosa, de manera inmediata a su vez. Para algunos autores, es la libertad de decisión, la libertad de la voluntad, el otro bien jurídico afectado, además de la propiedad[45]. En este mismo sentido, se califica a la intimidación como sinónimo de *fuerza moral* (*vis compulsiva)*, esto es, de amenazas o coacciones[46], de *agresión psicológica* destinada a presionar la voluntad de la víctima[47].

La jurisprudencia del Máximo Tribunal[48] ha establecido que este medio dirigido a lograr la apropiación debe consistir en la amenaza de emplear violencia física contra la víctima, en infundirle el temor de ser objeto de tal violencia, el temor de ver atacada su integridad corporal, su salud o su vida, presionando o doblegando su voluntad contraria a la entrega o manifestación de la cosa, coincidiendo con el

---

43 Garrido (2008), cit., p. 185.

44 Etcheberry (1998), cit., p. 335.

45 Garrido (2008), cit., p. 186.

46 Bullemore, Vivian / MacKinnon, John (2018), Curso de Derecho Penal, T. IV, Parte Especial, p. 56.

47 STOP Curicó, de 12.07.2005, Legal Publishing N°. 32589.

48 SCS 04.03.2004, Legal Publishing N°. 29780; SCS 03.04.2006, Legal Publishing N°. 34053; SCS 05.04.2006, Legal Publishing N°. 34048.

parecer de Etcheberry: "amenaza de emplear fuerza física y no de otra cosa".

El TSE ha precisado que la intimidación contemplada en el artículo 242 del Código Penal consiste en una coerción o constreñimiento psíquico mediante la amenaza de un mal inmediato y real con el que se doblega la voluntad de la persona quien, para evitarla, entrega la cosa[49].

En la doctrina nacional, Oliver pone en duda el aserto, generalmente compartido, de que la intimidación consiste en proferir una amenaza de causar un mal físico inmediato y personal al sujeto pasivo de la conminación. Sostiene que no toda intimidación proviene de una amenaza y no toda intimidación consigue intimidar, ya que el estado de conmoción psicológica del sujeto pasivo (intimidación) puede provenir no de una amenaza, de un comportamiento del agente, sino de la presencia del agresor y, con mayor razón, si son varios o de los antecedentes penales del delincuente, que él mismo se encarga de poner en conocimiento de la víctima[50]. Por tanto, cabría sostener la intimidación aunque el hechor no realice ninguna actividad dirigida a doblegar la voluntad de la víctima mediante el anuncio de causarle un daño físico inmediato si no entrega o manifiesta el objeto cuya apropiación persigue el autor[51]. A este respecto, conviene recordar que, como lo precisa otro autor estudioso de este tema, la intimidación, como medio ejecutivo para perpetrar el robo, debe consistir necesariamente en una acción que por sus características y, sobre todo, por el medio empleado para amenazar sea idónea para poner en serio y real peligro concreto los bienes jurídicos personalísimos del sujeto pasivo de la apropiación o de otra persona; no es suficiente con que el ofendido sienta o experimente miedo o se represente la posibilidad de sufrir algún detrimento en su integridad física, es necesario que la intimidación haya

---

49 STS 856/2001, cit. en Lecciones de Derecho Penal. Parte Especial (2019), p. 248.

50 Oliver (2022), cit., p. 294.

51 Oliver, Ibidem.

sido eficaz, en el sentido de idónea o apta para exponer a un serio y real peligro de daño físico inmediato la vida o integridad de un individuo[52]. El sólo temor que la víctima experimenta de que puedan emplearse armas u otros medios violentos no es suficiente para transformar el hurto en robo, si no ha habido por parte del hechor una amenaza explícita o implícita (p. ej. exhibición de las armas)[53]. El hecho de golpear a la víctima, de arrojarla en el suelo, de maniatarla o amordazarla, constituye violencia, aunque no se causen lesiones de algún tipo[54]. En consecuencia, si la intimidación ha sido asimilada por la ley a la violencia, y su utilización satisface el tipo de robo denominado *simple*, sancionado actualmente con presidio mayor en sus grados mínimo a máximo, deberá revestir sin duda la suficiente entidad, en términos de amenaza a un bien jurídico personalísimo, que permita equipararla, en el caso específico, a los actos de maltrato corporal[55]. Es razonable pensar que la *ratio legis* de este tratamiento penal tan riguroso, está constituida por el hecho de desplegarse una acción que lesiona o expone a serio peligro otro bien jurídico, personalísimo, de superior jerarquía a la de los derechos meramente patrimoniales, como la vida, la salud, la seguridad individual[56].

Una amenaza verbal no resulta idónea para poner en peligro la vida y la integridad física del individuo, por lo tanto, no queda acreditada la intimidación en el delito de robo[57]. La intimidación tiene un aspecto objetivo, requiriéndose, para satisfacerlo, de una acción razonablemente intimidante, "de una auténtica situación de riesgo o peligro

---

52 Mera, comentario a sentencias, *RCP*, 1993, N°. 3, T. XLII, p. 113.

53 Etcheberry (1998), cit., pp. 336-337.

54 SCS, *RDJ*, T. 63, 2a. parte, secc. 4a, p. 444.

55 SCA San Miguel,23.01.2001, Rol 1507-2000; Künsemüller (2004), "Delitos de hurto y robo: una reforma inaplazable en el Código Penal chileno", en *El Penalista Liberal*, LH a Manuel de Rivacoba y Rivacoba, José Luis Guzmán Dalbora (coord.), pp. 457 y s.s.

56 SCA San Miguel, 24.06.1996; SCA San Miguel, 23.01.2001; Künsemüller (2004), cit., pp. 457 y s.s.

57 SCA Concepción, 30.08.2003, *Legal Publishing* N°. 28631.

para la víctima"[58]. La intimidación y su empleo, como medio para obtener la apropiación sólo constituirá robo en aquellos casos en que represente un peligro para la seguridad física de las personas, peligro concreto, cierto y de tal entidad, que su concurrencia cumpla un rango suficiente para que la integridad corporal de la víctima realmente pudiera estar afectada[59].

A las meras sensaciones o impresiones personales del ofendido y coaccionado por una amenaza ficticia, presumida o imaginada —inexistente— por tanto, inidónea para poner en serio y real peligro la integridad física del dueño de la cosa, no es posible atribuirles el mérito, la fuerza suficiente para tener por acreditada la intimidación. La doctrina de marcada orientación subjetiva, colindante con un Derecho Penal de autor, se contiene, p. ej., en la sentencia que tuvo por acreditada la existencia de robo con intimidación, sobre la base fáctica de que el denunciante fue interceptado por un desconocido, en horas de la madrugada, quien le pidió la entrega del bolso deportivo que portaba y también le exigió le diera los zapatos, en mérito a los siguientes razonamientos:

> "2. Que en la acción realizada en perjuicio de Barriga Rodríguez, existió intimidación a pesar de no haberse esgrimido arma alguna. En efecto, el Diccionario de la Lengua define tal concepto como la "acción y efecto de intimidar. "A su vez, el verbo "intimidar" es causar o infundir miedo". Por su parte, el concepto "miedo" equivale a un sentimiento de inquietud experimentado en presencia o ante la idea de un peligro. (*Diccionario de Psicología Larousse*, 1969, p. 201)".
>
> "3. Que Barriga Rodríguez se inquietó al ser interceptado en la noche en un lugar residencial por un desconocido, ya que sin duda se percató del peligro que significaba resistir sus órdenes de entregar sus pertenencias. El Tribunal a fojas 7 vta. y 8 vta. deja constan-

---

58 SCS, 26.05.2004, *Legal Publishing* N°. 30244.

59 SCA Santiago, 26.04.2006, *Legal Publishing* N°. 34431.

cia que los reos "se ven en relación con los ofendidos más fornidos y más duros"[60].

En otro caso, en que la víctima "pensó" que el hechor, quien le exigió la entrega de sus aros, tenía un arma debajo de un chaleco enrollado bajo su brazo —"yo pensé que tenía una cortaplumas y me dio miedo"— el Tribunal de Alzada desestimó la acusación y condena por robo con intimidación, argumentando, por una parte, que la ponderación de los antecedentes lleva a concluir que el encausado no tenía en su poder ningún elemento apto para afectar la integridad física de otra persona y que la menor incurrió en una falsa representación de la realidad, al suponer que sí lo llevaba, disfrazado bajo el chaleco. Por otra parte, que en la especie no existió un amenaza efectivamente idónea para afectar de manera real y no presuntiva la seguridad física del sujeto pasivo, citando, a mayor abundamiento, la opinión de Mera: "... sólo una intimidación que ponga relevantemente en peligro en forma concreta la vida, la salud o la integridad corporal puede racionalmente equipararse a la violencia y dar lugar a un delito que, como el robo simple, figura entre los más graves de nuestra legislación penal"[61]. La intimidación, en cuanto amedrentamiento que obligue la víctima a ceder bajo sus efectos y hacer entrega del dinero, exige que la acción realizada sea seria, efectiva, real, verosímil e inminente, no basta "una pueril exhortación a la presunta víctima, que no estaba sola"[62]. La intimidación, al igual que la violencia, debe ser *cierta, efectiva y no imaginada.* Los medios empleados para la apropiación tienen que tener el grado de intensidad adecuado para vencer la oposición de la víctima, o para constreñirla a manifestar donde está la especie o no oponer resistencia para que la tome el delincuente[63]. Existe consenso en

---

60 SCA San Miguel, 17.08.1987, GJ 87, p. 57, cit. en Künsemüller (2004).

61 SCA San Miguel, 24.06.1996, cit. en Künsemüller (2004).

62 SCA San Miguel, 08.11.1996, cit. en Künsemüller (2004)

63 Garrido (2008), cit., p. 189. (la letra cursiva es del presente texto).

que la amenaza para ser intimidación debe reunir los requisitos del delito de amenaza del artículo 296 y algo más. Ese algo más está referido al bien jurídico seguridad e integridad de las personas. Los autores coinciden en que las amenazas deben ser "serias, graves, verosímiles y concretas o inmediatas"[64]. *Seriedad, gravedad, verosimilitud* e *inmediatez* son exigidos como requisitos de la amenaza para que pueda constituir intimidación, en los términos del artículo 439 del estatuto punitivo[65]. Una amenaza inexistente objetivamente o que sólo es imaginada por la víctima debido a las ropas, gestos o aspectos del supuesto agresor es impune[66], opinión que concuerda con el criterio dogmático y jurisprudencial esbozado precedentemente.

En lo tocante a la *idoneidad* del instrumento o medio utilizado para intimidar, las opiniones en la doctrina nacional están divididas. Mientras a la víctima le parezcan reales, un revólver a fogueo o un artefacto explosivo simulado, no se oponen a la intensidad de la intimidación, lo que interesa es que afecten a la libertad del sujeto pasivo, que le impidan reaccionar en su defensa coaccionado por el medio. Es suficiente que se trate de comportamientos que sean eficaces para amedrentar o atemorizar a la víctima, con independencia de que sean materialmente adecuados para herir o maltratar a una persona, porque la eficacia o aptitud del medio no interesa en este punto[67]. Frente a la exigencia de que el mal con que se amenaza sea *verdadero*, esto es, que sea objetivamente idóneo para ocasionar el mal que se teme, esto es, para generar, además de la lesión a la propiedad, un peligro concreto contra la vida y la integridad de las personas, no es necesario que los medios utilizados sean idóneos (objetivamente) para causar el mal anunciado, desde que el bien jurídico protegido, además de los intereses patrimoniales, es la libertad de actuación,

---

64 SCA Antofagasta, 11.01.2012, Rol 358-2011.

65 Matus/Ramírez (2021), cit., pp. 563-564.

66 Matus/Ramírez (2021), cit., p. 563 c/ cita de SCA Santiago, 23.06.2017, DJP 36, 112.

67 Garrido (2008), cit., pp. 189-190.

por lo que es irrelevante que esta se vea afectada por un instrumento inidóneo para causar un mal o inadecuado para ello. La única idoneidad que debe tomarse en cuenta es la que dice relación con la incidencia en la autodeterminación de la víctima[68].

En la vereda contraria a la tesis que Garrido califica de dominante[69], Mera, con cuya opinión concordamos[70], a partir del carácter de delito complejo y pluriofensivo de la figura, es decir, de que constituye un hecho que trasciende la simple afección de la propiedad y afecta, además, la seguridad física de las personas (de ahí su altísima penalidad), sostiene que una intimidación que, por las circunstancias del caso, no representa peligro alguno para la vida o la integridad corporal de las personas, no puede dar origen a un robo cometido por ese medio; sostenerlo equivaldría a atribuir al robo simple el carácter de delito de peligro abstracto, esto es, que la ley presume de derecho el peligro para la vida o la integridad corporal, lo que entraría en colisión con la prohibición constitucional de presumir de derecho la responsabilidad penal. El cumplimiento de las exigencias legales —empleo de intimidación (en los términos del artículo 439)— en la oportunidad y con alguna de las finalidades señaladas en el artículo 433, no inhibe de indagar a continuación si se trata del empleo de medios que exceden la finalidad apropiatoria, por constituir un daño o un riesgo para la vida o la integridad corporal de las personas[71].

La alusión a los delitos de *peligro abstracto*, cualidad que no cabe asignar al robo con intimidación, ya que es exigible un peligro concreto y cierto, de entidad suficiente para afectar realmente la integridad corporal de la víctima[72], nos induce a recordar, brevemente, las fundadas objeciones

---

68 Oliver (2022), cit., p. 297.

69 Garrido (2008), cit., p. 190.

70 Künsemüller (2004), cit., p. 457 y s.s.

71 Mera (1994), cit., pp.113-114.

72 SCA Santiago, 26.04.2006, Legal Publishing N°. 34431.

que un importante sector de la doctrina opone a los delitos que también se denominan de *peligro presunto*[73]. Estos delitos integran la *criminalización en el ámbito previo*, con la que se procura adelantar la protección e intervención del Derecho Penal, junto a los delitos de *peligro concreto*, afincándose la diferencia entre unos y otros, en la cercanía más o menos próxima de una posibilidad de daño a bienes jurídicos de especial importancia[74]. A este efecto, se acostumbra a distinguir entre *delitos de peligro concreto o efectivo* y *delitos de peligro abstracto o conceptual*[75].

Dejando de lado las precisiones terminológicas, cabe destacar que los *delitos de peligro abstracto* representan una de las más notorias manifestaciones del Derecho Penal expansivo, esto es, *prima ratio* en vez de *extrema ratio*, constituyéndose, como advirtiera Lackner en 1967, en el *hijo predilecto del legislador*[76]. Herzog los calificó en 1991, de *hijastros de la dogmática penal*[77]. Los delitos de peligro abstracto, instrumentos que utiliza el Derecho Penal moderno para ampliar su capacidad expansiva[78], se caracterizan por no exigir la puesta en peligro efectiva del bien jurídico protegido, se consuman con la realización de la conducta abstractamente definida o generalmente peligrosa descrita en el tipo. El peligro es, como apunta Hassemer, el mero motivo por el cual se criminalizó, la *ratio* de la creación del delito, no el resultado típico del mismo[79]. El peligro generado por la acción descrita en el tipo es sólo el motivo para la existencia

---

73 Künsemüller (2022), El Principio Nulla Poena Sine Culpa. Relevancia. Consagración. Transgresiones, pp. 111 y s.s.

74 Quintero Olivares (2004), Adónde va el Derecho Penal. Reflexiones sobre las leyes penales y los penalistas españoles, Cuadernos Civitas, p. 169.

75 Quintero (2004), Ibidem.

76 Lackner, *Gefährdungsdelikte*, (1967)1., cit. en Künsemüller (2022), El Principio nulla poena sine culpa, p. 111.

77 Herzog (1991), *Gesselschaftliche Unsicherheit und strafrechtliche Daseinvorsorge*,1991, 45, cit. en Künsemüller (2022), p. 111.

78 Hassemer (1992), "Rasgos y crisis del Derecho Penal moderno", en *ADPCP*, T. XLV, fasc.1, Enero-Abril, p. 242.

79 Hassemer, Ibídem.

de la norma, de manera que el juez no está llamado a examinar si en un caso concreto existió realmente peligro o no[80]. Le peligrosidad se presume aquí irrefutablemente[81]. El peligro es presumido en contra del reo, a este no le sirve de nada probar que su comportamiento no es peligroso[82].

La doctrina —apuntan Bustos y Hormazábal— ha sido extremadamente crítica con los delitos de peligro abstracto, toda vez que mediante estas figuras delictivas se está castigando una mera desobediencia, simplemente una conducta antinormativa cuya peligrosidad se presume *iure et de iure*[83]. En el ya lejano año de 1969, Bustos y Politoff expresaron, en un brillante estudio sobre los delitos de peligro, que conserva plena actualidad, que en los delitos de peligro abstracto se contiene una presunción de la existencia del peligro, que, por lo mismo, priva a la noción de peligro de toda función en la estructura del tipo, la vinculación —remota— con la idea de peligro estaría solamente en el porqué de la tipificación. No se puede dejar de reconocer —manifiestan— que el legislador es omnipotente para configurar conductas delictivas, pero desde que señala como fundamento de la punibilidad la conducta humana no puede al mismo tiempo castigar sin que exista una conducta humana. Si el fundamento de la punibilidad de los delitos de peligro es el peligro, *no puede castigar delitos de peligro sin peligro.* En cuanto el peligro pertenece al núcleo del tipo y es, por ende, fundante de la ilicitud, ninguna interpretación puede prescindir de verificar su presencia[84].

---

80 Wessels, Johannes (1982), *Strafrecht. Allgemeiner Teil*, 12a. edición, p. 6.

81 Ostendorf, Heribert (1982), *Grundzüge des konkreten Gefährdungsdelikt*, JuS, p. 429.

82 Kaufmann, Arthur (1963), *Unrecht und Schuld beim Delikt der Volltrunkenheit; JZ, pp. 426-233;* (1961) *Das Schuldprinzip.*

83 Bustos, Juan / Hormazábal, Hernán (1999), Lecciones de Derecho Penal. Vol. II, p. 109.

84 Bustos, Juan/ Politoff, Sergio (1969), "Los delitos de peligro", *Separata* de la *RCP*, XVII, N°. 1.

Además de Bustos y Politoff, en el comentario ya citado, los siguientes profesores comparten, a través de sus obras, las objeciones legales y constitucionales a los delitos de peligro abstracto: Etcheberry[85], Cury[86], Garrido[87], Mera[88], Náquira[89], Politoff, Matus y Ramírez[90], Ortiz / Arévalo[91], elevando como argumento central de su postura, la inaceptable presunción de derecho —y consecuente no verificación— del peligro para el bien jurídico afectado y la consiguiente vulneración de principios cardinales del Derecho Penal. Bullemore / MacKinnon aluden —adhiriendo implícitamente a ella— a la crítica basada en que la presunción de peligro de la conducta no satisface los requisitos mínimos de lesividad material que debe reunir una conducta para ser penada, vulnerando el principio básico de lesividad y las exigencias constitucionales[92].

La vulneración del principio de *lesividad —nullum crimen sine injuria—* puede conducir, en estos casos, a que se castiguen conductas absolutamente inocuas, que se impongan penas sin que exista realmente peligro alguno, con lo que se ponen en duda principios elementales del Derecho Penal dentro de un Estado Democrático de Derecho[93].

---

85 Etcheberry (1998), *Derecho Penal*, T. I, p. 227.

86 Cury, Enrique (2020), *Derecho Penal. Parte General*, T. I, 11ª edición, revisada, actualizada y con notas de Claudio Feller y María Elena Santibáñez, p. 574.

87 Garrido (2008), *Derecho Penal*, T. II, p. 253.

88 Mera (1998), *Derechos Humanos en el Derecho Penal Chileno*, pp. 117 y s.s.

89 Náquira, Jaime (2017), *Derecho Penal Chileno. Parte General*, T. II, pp. 87-88.

90 Politoff, Sergio / Matus, Jean Pierre / Ramírez, María Cecilia (2004), *Lecciones de Derecho Penal Chileno. Parte General*, pp. 213-214.

91 Ortiz, Luis / Arévalo, Javier (2013), *Las Consecuencias Jurídicas del Delito*, Prólogo, p. 8.

92 Bullemore, Vivian/ MacKinnon /John (2018), *Curso de Derecho Penal. Parte General*, T. II, p.38.

93 Vargas, Tatiana (2007), *Delitos de Peligro Abstracto y Resultado. Determinación de la incertidumbre penalmente relevante*, p. 262.

A la incompatibilidad con el principio de lesividad se añade la violación del principio *nulla poena sine culpa*, cuya vulneración hemos advertido, al incluir los delitos de peligro abstracto entre las transgresiones al principio de culpabilidad, que cuenta entre los postulados fundamentales de la doctrina penal clásica, surgida al amparo del Derecho Penal Liberal[94]. El principio de responsabilidad penal subjetiva (culpabilidad) proclama que una pena penal sólo puede fundarse en la comprobación jurisdiccional de que al autor se le puede reprochar personalmente el hecho. La culpabilidad es *frontera de la punibilidad*[95], constituye un presupuesto necesario para la legitimidad de la pena estatal[96]. Los delitos de peligro abstracto no respetan el principio de culpabilidad, en la medida que se imputa un peligro general o presunto no constatado en el caso concreto[97]. La extendida crítica doctrinaria frente a los delitos que nos ocupan, tiene como fundamento especial, la circunstancia de que una conducta vista como generalmente peligrosa y por ello penalizada abstractamente en un delito de peligro abstracto, puede revelarse en un caso concreto como absolutamente no peligrosa. De todos modos, se realizará el tipo penal y procederá la aplicación de la sanción. Aquí se constatará una vulneración del principio de culpabilidad[98].

Sin perjuicio de que la mayoría de las críticas se reconducen a la infracción del principio de culpabilidad, en cuanto se pretende extender la responsabilidad penal más allá de la culpabilidad del agente[99], se ponen en entredicho los principios de protección de bienes jurídicos y de proporcionalidad, como también importantes principios

---

94 Künsemüller (2022), El Principio *Nulla Poena Sine Culpa*. Relevancia-Consagración-Transgresiones, pp. 111 y s.s.

95 Jescheck, Hans Heinrich (1998), *Beiträge zum Strafrecht.*1980-1998, p. 281. (la letra cursiva es de este texto)

96 Kaufmann (1961), cit., pp. 15 y s.s.

97 Rodríguez, Teresa (2004), Delitos de peligro. Dolo e imprudencia, pp. 292-296.

98 Hirsch, Hans Joachim (1999), *Strafrechtliche Probleme. Schriften aus drei Jahrzehnten,* p. 633. (la letra cursiva es de este texto)

99 Vargas (2007), cit., p. 324,

procesales, como la presunción de inocencia y el *in dubio pro reo*[100].

8. Entre el acto violento o intimidatorio y la apropiación debe existir una *relación fáctico-temporal*, que supone que los dos actos se encuentren en una razonable proximidad de tiempo y espacio[101]. Esta breve reflexión del Excmo. Tribunal chileno alude a un requisito esencial del delito complejo o pluriofensivo, cual es el nexo material u objetivo que debe unir a ambos atentados, que por ello conforman una "unidad de acción"[102]. Ambas agresiones a una pluralidad de bienes jurídicos, ejercicio de violencia o intimidación y apropiación de cosa ajena, han de ser ejecutadas dentro de un mismo contexto *fáctico-temporal*, de manera de constituir la denominada "unidad de acción", que deriva de una estrecha conexión de tiempo y lugar[103]. La particular vinculación que enlaza ambos atentados constituye la plataforma objetiva sobre la que se estructura el delito complejo, pluriofensivo, compuesto de dos hechos antijurídicos diferentes, que se reúnen en una sola abrazadera típica y que, por conformar una unidad delictiva no reciben cada uno sanción por separado —conforme a las reglas concursales— sino son penados como un solo delito[104]. En el caso del delito complejo lo que hace la ley es unir en un delito (disponiendo una pena) plurales conductas cuya ocurrencia separada constituyen delitos autónomos (cada uno con su pena)[105].

En relación al antiguo artículo 501 del Código Penal español, que penalizaba el hecho de que con motivo u oca-

---

100 Vargas (2007), cit., p. 324.

101 SCS, 29.03.2006, Legal Publishing N°. 34011; SCS, 22.10.2012, Rol 6653-2012.

102 Künsemüller (2004), cit., p. 470.

103 Künsemüller (2012), "Delimitación entre los tipos penales de robo con violencia en las personas y robo por sorpresa", en *Derecho Penal y Política Criminal*. Compilación de Artículos, p. 582.

104 Künsemüller (2012), cit., p. 582; Künsemüller (2004), cit., p. 470.

105 Creus, Carlos (1993), "Doctrina de la Suprema Corte de Buenos Aires sobre el homicidio como agravante del robo", LL., E- 154.

sión del robo resultare homicidio, la doctrina apuntaba que "Es, pues, evidente que no estamos ante un delito cualificado, sino ante un *delito complejo*, formado por la reunión del delito de robo y el delito de homicidio"[106].

En el delito de robo con violencia o intimidación en las personas los componentes —del delito complejo— deben estar tan indisolublemente vinculados con el apoderamiento que formen un todo homogéneo indestructible, cuya separación parcial daría lugar a la destrucción del tipo[107].

De acuerdo al artículo 433, inciso primero, del Código Penal, la violencia o intimidación pueden tener lugar *antes* del robo, para facilitar su ejecución, *coetáneamente con el* o *después de cometido*, para favorecer su impunidad, enunciado que debe entenderse aplicable no sólo a las figuras calificadas, sino también al robo simple[108], ya que establece el nexo de tiempo y lugar que debe unir a ambas agresiones, conformantes de la *unidad de acción*. Si entre el robo y la violencia media un sensible espacio de tiempo o de lugar, la conexión desaparece[109]. La jurisprudencia ha precisado, a través de numerosos fallos, que la violencia y la intimidación han de estar vinculadas a la apropiación en alguna de las tres formas que el artículo 433 especifica[110].

El texto legal vincula las distintas oportunidades en que debe emplearse la violencia o intimidación (antes, durante o después) *al robo*, referencia ésta, que en el parecer de la doctrina, debe entenderse hecha a la *apropiación*, porque la violencia o intimidación configuran el robo, no son hechos separados de éste[111]. Los términos de la ley resultan ser tau-

---

106 Rodríguez Devesa, José María (1975), *Derecho Penal Español. Parte Especial*, p.384.

107 Muñoz Conde (2017), cit., pp. 355-356.

108 Garrido (2008), cit., p. 188; Oliver (2022), cit., p. 298; SCS 13.06.2006, c/nota crítica de Antonio Bascuñan (2018), en *MG Monografías. Casos destacados Derecho Penal. Parte Especial*, pp. 623 y s.s.

109 Gómez, Eusebio (1939), Tratado de Derecho Penal. T. IV, p. 135.

110 Mera (1994), cit., p. 112; Etcheberry (1987) *El Derecho Penal en la Jurisprudencia*, T. IV, pp. 389 y s.s.

111 Oliver (2022), cit., p. 298.

tológicos, pues no puede cometerse el robo sin usar violencia o intimidación, según la definición de los artículos 432 y 439, de manera que la fórmula legal debe entenderse como "antes", "durante" o "después" de "la apropiación"[112]. La presencia de violencia o intimidación califica de robo el acto de apropiación de cosa mueble ajena; entonces, la violencia, como elemento conformador de la figura y tratándose de la ejecución de la misma, no puede tener lugar antes o después de ella, porque su ejecución es en parte la realización en parte de la figura misma[113].

En cuanto a la violencia o intimidación *preparatoria —anterior—* ejercida antes de la acción misma de apropiación (sustracción de la cosa de la esfera de custodia ajena), representa ya un comienzo de ejecución del delito. Si la acción se detiene allí, sin que la apropiación alcance a consumarse, habrá tentativa o frustración[114]. Tratándose de la violencia o intimidación desplegada para facilitar la ejecución del delito (anterior), el empleo de coacción con tal fin constituye una tentativa de robo[115]. La violencia o intimidación *coetánea* al apoderamiento con ánimo de dueño, esto es, aplicada sobre una persona para lograr en el acto la apropiación de la cosa ajena, representa, como lo evidencia la *praxis* judicial, la forma más frecuente de comisión del delito[116]. Como una *clara anomalía* es presentada la violencia o intimidación *posterior* a la apropiación, sobre cuyo fundamento no existe unanimidad de pareceres en la doctrina[117]. La crítica se apoya en que conforme al artículo 432 del Código Penal, incurre en este delito quien se propia de una cosa "usando" violencia o intimidación en las personas, y es obvio que después de consumada la apropiación, esos medios no han sido utilizados para conseguirla. En esta situación, debe entenderse configurado un concur-

112 Matus / Ramírez (2021), cit., p. 560.
113 Vivanco, Jaime (2007), *El Delito de Robo con Homicidio*, p. 23.
114 Etcheberry (1998), cit., p. 336.
115 Oliver (2022), cit., p. 298.
116 Etcheberry (1998), cit., p. 336; Oliver (2022), cit., p. 298.
117 Oliver (2022), cit., p. 298, (la letra cursiva es de este texto).

so de delitos integrado por un hurto y una coacción (cuyo objetivo es impedir la recuperación de la cosa por parte de la víctima de la apropiación o por parte de un tercero, o la aprehensión del hechor), que la ley asimila al robo y para castigarlo a este título, deben ser utilizados los medios coercitivos en forma inmediata[118]. Dado que el objetivo de la violencia o intimidación posterior a la apropiación es facilitar la impunidad del hechor —el texto legal lo dice expresamente— tales medios deben emplearse siempre en forma inmediata, sea contra las mismas víctimas, sea contra terceros intervinientes. Por tanto, el hecho de que el ladrón, al día siguiente de la apropiación clandestina usara de violencia contra el policía que pretende detenerlo, no transformaría el hurto en robo[119].

La jurisprudencia ha considerado que conforme al texto legal son constitutivas del delito de robo la violencia o intimidación ejercidas "inmediatamente después de producida la sustracción, con el objeto de favorecer la impunidad"[120]. Quedan excluidas, sin embargo, del tipo de robo la violencia o intimidación que se ejecutan posteriormente, si la víctima o terceros fuesen amenazados al descubrir o enfrentar al autor de un hurto o robo con fuerza cometidos anteriormente, una vez alejados de la esfera de resguardo o del lugar de la apropiación[121]. La inexistencia de una solución de continuidad entre una sustracción anterior y el ejercicio de violencia o intimidación posterior, para favorecer la impunidad, autoriza la calificación de robo, simple o calificado, como en el caso de los delincuentes que, sorprendidos al salir del lugar del robo, disparan y hieren a sus perseguidores en la huida o les amenazan con cuchillo para evitar la persecución[122].

---

118 Oliver (2022), cit., pp. 298-299.

119 Etcheberry (1998), cit., p. 336.

120 SCS, 13.03.2001, GJ 249, p. 122, Matus / Ramírez (2021), cit., p. 561.

121 SCS,13.06.2006, Rol 5353-5; Matus / Ramírez (2021), cit., p. 561.

122 SCA La Serena, 20.04.2017, DJP 36, p. 113; Matus / Ramírez (2021), cit., p. 561.

El artículo 237 del Código Penal Español establece que "Son reos del delito de robo los que, con ánimo de lucro, se apoderaren de las cosas muebles ajenas empleando fuerza en las cosas para acceder o abandonar el lugar donde éstas se encuentran o violencia o intimidación en las personas, sea la cometer el delito, para proteger la huida, o sobre los que acudiesen en auxilio de la víctima o que le persiguieren". Durante la fase ejecutiva del apoderamiento deben estar presentes tanto la violencia como la intimidación, siendo exigible, además, entre la violencia o intimidación y el apoderamiento una relación tal que pueda afirmarse que ellas son los medios comisivos que hacen posible, facilitan o aseguran el apoderamiento, siempre que aparezcan antes de la consumación del delito. La violencia o intimidación ejercidas durante la huida podrán convertir el hurto en robo, en concordancia a lo estatuido en el artículo 237 del Código Penal[123]. El empleo de la violencia o intimidación debe ser un medio para conseguir o asegurar el apoderamiento, debiendo ser utilizados en tanto éste no se haya consumado, lo que permite que un hurto se transforme en robo con violencia, si se emplea ésta en cualquier momento de la fase ejecutiva previa a la consumación del apoderamiento[124]. En consecuencia, no es preciso, para dar lugar a un robo con violencia o intimidación en las personas que estos medios se utilicen en el momento de la sustracción, sino que basta que estén presentes (en la relación de medio a fin) en cualquier momento previo la consumación del delito[125]. Con respecto a este requisito, ha sido precisado por el Acuerdo del Pleno no jurisdiccional del TSE, de 21.01.2000: "cuando la violencia se ejerce durante el proceso de apoderamiento de los bienes sustraídos"[126]. Es preciso que tanto la violencia como la intimidación acompañen o se utilicen en el *iter ejecutivo* del apoderamiento, deben concurrir en el proceso ejecutivo tendiente a lograr,

---

123 Lecciones de Derecho Penal. Parte Especial, (2019), cit., p. 249.

124 Muñoz Conde (2017), cit., p. 358.

125 Muñoz Conde (2017), cit., p. 358.

126 Cit. en Muñoz Conde (2017), p. 358.

facilitar o asegurar el apoderamiento de la cosa (exigiendo que sea previa al apoderamiento, como en el robo con fuerza). Lo que empezó como hurto o robo con fuerza en las cosas puede convertirse en robo con violencia si surge la violencia o intimidación antes de la consumación del apoderamiento[127].

El artículo 252 del Código Penal alemán tipifica el delito de "Räuberischer Diebstahl", traducido como "Hurto violento"[128] (quizás debería ser "Hurto robador", pese a lo inadecuado del lenguaje), en los siguientes términos: "Quien sorprendido en el mismo momento de ejecución de un hurto, ejerza violencia contra una persona o utilice amenaza con peligro actual para la integridad física o la vida con el fin de mantener la propiedad del bien hurtado, será castigado como autor de un robo"[129].

La violencia "después de la sustracción" está sancionada con las mismas penas del delito de robo (artículo 211 del Código Penal portugués, 8ª edición, 2000) y es aplicable al que, siendo sorprendido en flagrante delito de hurto, utiliza los medios previstos en el tipo de robo, para conservar o no restituir las cosas sustraídas.

En el ámbito latinoamericano, cabe mencionar el artículo 344 (*Rapiña)* del Código Penal uruguayo (12ª edición, 2014), que castiga con la misma pena prevista para el autor del apoderamiento de cosa mueble con violencias o amenazas, al que, después de consumada la sustracción, empleare violencias o amenazas para asegurarse o asegurar a un tercero, la posesión de la cosa sustraída, o para procurarse o procurarle a un tercero la impunidad. El Código Penal del Paraguay (4ª Edición actualizada, 2014) contempla en su artículo 169 el "Hurto seguido de violencia", figura delictiva muy similar (prácticamente igual) a la ya transcrita

---

127 *Compendio de Derecho Penal Español. Parte Especial* (2000), Dirigido por Manuel Cobo del Rosal, p. 406.

128 *Código Penal Alemán* (StGB), traducción de Claudia López Díaz, U. Externado de Colombia, 1999.

129 StGB, 50a. edición, 2012.

del Código germano: "El que al realizar un hurto sea encontrado en flagrante delito, y con el fin de mantenerse en la posesión de la cosa hurtada, use violencia contra una persona o amenazas con peligro presente para la vida o la integridad física, será castigado como el autor de un robo".

A propósito del Código Penal argentino, Soler puntualiza que no puede entenderse la agravante como referida a cualquier tiempo posterior, porque entonces todos los hurtos quedarían indefinidamente pendientes de agravación. La expresión "después de cometido..." se refiere al mismo contexto de acción, tiempo inmediato al del apoderamiento. "Caso típico sería el del ladrón que, descubierto, emplea sus armas con la amenaza de que nadie se mueva..."[130].

Por su parte, el artículo 33 del Proyecto de Código Penal Tipo para Latinoamérica (Parte Especial), establece, a propósito del delito de robo, que "la violencia o intimidación podrá tener lugar antes del apoderamiento, para facilitarlo, durante su ejecución o *inmediatamente después*, para asegurar su resultado o la impunidad para el autor o para los partícipes"[131].

1.2. Elemento subjetivo

Además del nexo objetivo —*vínculo fáctico-temporal*— entre la violencia o intimidación y la apropiación, debe concurrir, a los efectos de la complejidad delictiva, una conexión *subjetiva —ideológica—*, en el sentido que la agresión a bienes jurídicos personalísimos debe estar "al servicio" de la apropiación, esto es, motivada por el apoderamiento lucrativo perseguido por el hechor y dirigida a su obtención. La doctrina acostumbra a requerir que entre la violencia o la intimidación y la apropiación debe existir un vínculo *sub-*

130 Soler, Sebastián (1963), Derecho Penal Argentino, T. IV, pp. 233-234.

131 Lo escrito en cursiva pertenece a este texto.

jetivo, o sea, que tales medios de comisión deben emplearse *para* conseguir o facilitar la apropiación[132].

Esta exigencia se halla comprendida en el texto legal (artículo 433), al señalar que la violencia o intimidación pueden ser desplegadas para facilitar la apropiación, para consumarla o para favorecer la impunidad[133]. La acción violenta o intimidatoria debe tener una dirección subjetiva específica, debe estar en relación de medio a fin con la realización misma del delito o con su impunidad[134]. Entre el acto de violencia y el acto de apropiación de cosa ajena debe existir *un elemento subjetivo vinculatorio*[135]. En el caso que la violencia o intimidación respondan a otro motivo, habrá un concurso entre el delito de hurto y el respectivo delito contra las personas o contra la libertad[136]. La violencia o la intimidación son el medio *para a*poderarse de la cosa[137].

La jurisprudencia ha coincidido con el parecer de la doctrina, señalando que el atentado contra la vida y el acto contra la propiedad deben estar vinculados ideológicamente[138]. Para que se configure el delito de robo con violencia se requiere, entre otros elementos, que la violencia ejercida esté subjetivamente ligada a la sustracción y que exista apropiación de especies ajenas con fines de lucro[139]. El acometimiento a la víctima o la coacción que dirige el agente contra la víctima o un tercero ha de tener como objeto facilitar el apoderamiento de un bien ajeno (antes) o para llevar a efecto el apoderamiento (durante) o con

---

132 Oliver (2022), cit., p. 297.

133 Künsemüller (2004), cit., pp. 470-471; (lo escrito en cursiva es de este texto)

134 Etcheberry (1998), cit., p. 336; Künsemüller, comentarios de sentencias, en GJ N°. 26, pp. 45 y s.s.; *RCP*, T. 37, Vol. II, pp.163 y s.s.

135 Vivanco (2007), cit., p. 22.

136 Etcheberry (1998), cit., p. 336.

137 Rodríguez Devesa (1975), *Derecho Penal Español. Parte Especial*, p. 381.

138 SCS, 04.11.1996, Legal Publishing N°. 14089.

139 SCA Concepción, 20.07.2009, *Legal Publishing* N°. 42329.

posterioridad para garantizar su impunidad (después)[140]. El vínculo ideológico se refiere a una relación de medio a fin entre el acto violento o intimidante y la apropiación, que importa que la intimidación constituye la forma a través de la cual el delincuente alcanzará una meta concreta: facilitar la ejecución del delito antes de perpetrarlo, vencer la resistencia u oposición de la víctima en el acto de cometerlo o, finalmente, lograr la impunidad con posterioridad a su ejecución[141].

140 SCA Antofagasta, 11.01.2012, Rol 358-2011.
141 SCS, 22.10.2012, Rol 6653-20212.

Capítulo III
Robo simple y calificado

1. ROBO SIMPLE

Se encuentra regulado en el artículo 436, inciso 1° del Código Penal, conforme al cual "fuera de los casos previstos en los artículos precedentes, los robos efectuados con violencia o intimidación en las personas, serán penados con presidio mayor en sus grados mínimo a máximo, cualquiera que sea el valor de las especies sustraídas".

1.1. Características

1. El carácter de *figura de aplicación subsidiaria* le es atribuido a este tipo penal, puesto que admite todos los supuestos de apropiación mediante violencia o intimidación que no constituyan robos calificados (art. 433), ni actos de piratería (art. 434)[142].

Sobre el contenido de esta figura delictiva, en relación a los bienes jurídicos protegidos, la penalidad establecida absorbe o desplaza la eventual penalidad que pudieran merecer los resultados dañosos para la vida, la integridad corporal o la salud de la víctima[143], lo que es evidente, ya que se trata de un *delito complejo*, en el cual dos agresiones antijurídicas dejan de ser independientes y con penas propias, para integrarse en una *unidad de acción*, amenazada con una sola pena.

2. Como los objetos de tutela jurídica son —tratándose de un delito pluriofensivo— además de la propiedad, la vida, la integridad física y psíquica y la seguridad de las

---

142 Oliver (2022), cit., p. 299; Garrido (2008), cit., p. 192.

143 Etcheberry (1998), cit., p. 338.

víctimas[144], cabe inquirir cuál es el límite máximo de la violencia que se utiliza como medio comisivo. Al respecto, se entiende que dicho límite máximo está constituido por las lesiones corporales menos graves, ya que si se causan lesiones graves propiamente tales (art. 397 N°. 2), se realiza una de las figuras de robo calificado (art. 433 N°. 3, primera parte)[145]. Sin perjuicio de un acuerdo sobre este punto, no lo existe en cuanto al *límite mínimo* de la violencia, esto es, si para estar frente a un delito de robo es menester o no que se ocasionen determinadas lesiones. Algunos autores estiman innecesario que la violencia ocasione un daño efectivo en el cuerpo o la salud de la víctima (v. gr., si solamente se la ha atado o sujetado)[146]. Entendido este delito, por un sector de la doctrina, como atentado a la libertad de actuación, además de la afectación de intereses patrimoniales, no es razonable dejar al margen de su aplicación casos en que dicha libertad se ve atacada, pese a no sufrir la víctima lesión alguna. Todo maltrato físico o empleo de vía de hecho, como p. ej., maniatar, amarrar, amordazar, constituye violencia para estos efectos. Si la violencia ocasiona lesiones leves o menos graves, éstas son absorbidas por la penalidad más grave del robo[147]. Otros autores exigen la producción de al menos lesiones menos graves, como representativas de "malos tratos", de un "significativo atentado contra la integridad o la seguridad personal"[148]. Las lesiones leves (sancionadas como faltas) —que hemos considerado el "límite mínimo"[149]— deben excluirse de la órbita típica del robo simple, a juicio de Mera[150], en razón de no constituir un injusto de la entidad requerida como para fundamentar la existencia del robo simple y su elevada penalidad. El daño corporal, la lesión, o, en su caso, el peligro de daño, deben

---

144 Matus / Ramírez (2021), cit., p. 558.

145 Oliver (2022), cit., p. 299; Garrido (2008), cit., p. 192; Bullemore / MacKinnon (2018), cit., T. IV, p. 57.

146 Etcheberry (1998), cit., p.336.

147 Oliver (2022), cit., p. 300.

148 Politoff, Sergio *et.al* (2005), cit., pp. 360-361.

149 Künsemüller (1996), cit., p. 218.

150 Mera (1994), cit., p. 116.

ostentar cierta entidad para integrar la gravísima figura del robo con violencia o intimidación. No parece razonable que si el empleo de violencia como medio de apropiación se da en un contexto de lesividad tan mínimo, como el de las lesiones leves, relegadas a la insignificante categoría de faltas, pueda ser constitutivo de robo; se trataría de un concurso entre hurto y lesiones leves[151]. En opinión de la Corte Suprema, no es necesario que se causen lesiones de algún tipo, sino que bastan los malos tratamientos, constituyendo, por ende, violencia el hecho de golpear, de arrojar en el suelo, de maniatar o amordazar a la víctima[152].

Es conveniente, a los efectos del presente análisis, tener presente ciertos casos denominados "límite", situados aparentemente entre el robo violento y el robo por sorpresa (artículo 436 inc. 2º, materia de una monografía nuestra anterior[153].) P. ej., el agente le sustrae sorpresivamente a la víctima un aro que llevaba puesto en una oreja, causándole una lesión leve —"robo del tirón"—, situación en la cual el voto de mayoría de la sentencia condenatoria estuvo por condenar por el delito de robo con violencia[154], calificación de la cual discrepamos en el fallo, con un voto disidente, entendiendo que la mera circunstancia objetiva y causal de la lesión ocurrida no autorizaba a desplazar la figura de robo por sorpresa y encuadrar el hecho en un tipo penal que le es ajeno[155]. Aún cuando existió un nexo cronológico entre el "tirón" del aro y la lesión leve diagnosticada, la disidencia argumentó que el mérito de los elementos de juicio reunidos no permitía llevar a la convicción de que concurría también la vinculación subjetiva, esto es, que el hechor había obrado con dolo de lesionar, vinculado directamente al logro exitoso y sin riesgo para el agente, del apoderamiento de la cosa. El juez *a quo* había razonado que la herida sufrida por la ofendida había sido una consecuencia

---

[151] Mera (1994), cit., p. 116.
[152] SCS, *RDJ*, T. 63, 2ª parte, secc. 4ª, p. 444.
[153] Künsemüller (2024), cit., pp. 85 y s.s.
[154] Künsemüller (1996), cit., GJ Nº. 195.
[155] Künsemüller (1996), cit., GJ Nº. 195.

causal del acto de asir la alhaja de manera sorpresiva y no del empleo de violencia dirigida específicamente a remover la resistencia opuesta u oponible por aquella persona para defender sus pertenencias, calificando el hecho como robo por sorpresa[156]. En su comentario de la sentencia del Tribunal de Alzada, Mera coincidió con el voto de minoría, señalando que la violencia debe ejecutarse para obtener la apropiación, lo que obviamente no sucede cuando las lesiones son sólo el efecto inherente de la apropiación rápida y sorpresiva de los objetos que las personas llevan consigo[157].

Las situaciones más discutidas en la doctrina y jurisprudencia españolas son precisamente los denominados casos "del tirón", en que el agente se apodera de un bolso u otros objetos colgantes que porta la víctima, utilizando la sorpresa y tirando con fuerza del objeto hasta arrebatárselo a su dueño[158]. La doctrina mayoritaria y la jurisprudencia más reciente no vacilan en calificar estos supuestos como robo con violencia[159]. No obstante, algunos comentaristas estiman necesario un tratamiento más distintivo, en función del elemento predominante en la acción de apoderamiento. Así, si lo que caracteriza la dinámica comisiva del supuesto concreto es la habilidad o sorpresa habrá que calificar el apoderamiento como hurto[160]. En cambio, si la víctima ejerce oposición frente la sustracción, agarrando o sujetando el objeto y el autor debe vencerla, empleando fuerza física, se trataría de un delito de robo[161]. El TS ha dictaminado que sólo excepcionalmente, cuando sobre el empleo de fuerza física ha predominado manifiestamente el factor sorpresa sería posible pensar en la inexistencia de violencia[162]. Los casos de apoderamiento de un bolso por el procedimiento del "tirón", o el simple tirón aprovechán-

---

156 Künsemüller (1996), GJ N°. 195.

157 Mera, *RCP* T. XLII, cit., p. 113 y s.s.

158 *Lecciones de Derecho Penal. Parte Especial* (2019), cit., p. 346.

159 *Lecciones de Derecho Penal. Parte Especial* (2019), cit., p. 346

160 *Lecciones de Derecho Penal. Parte Especial* (2019), cit., p. 346.

161 Lecciones de Derecho Penal. Parte Especial (2019), cit., p. 346.

162 STS, 920/1998.

dose del descuido de la víctima, deben calificarse de hurto, pero si además se forcejea con ella, se le propina un puñetazo, se le arranca del cuello un cadena, un pendiente insertado en el lóbulo, etc., el hecho se debe calificar como robo, sobre todo, cuando además concurren a su ejecución varias personas[163]. Se ha discutido si el arrancar un objeto a la víctima desprevenida —p. ej. un bolso de señora— es o no violencia, supuestos que, en principio, no pueden considerarse incluidos en el concepto de violencia, porque falta el ataque a la libertad de la voluntad[164]. Por otra parte, la psicología del descuidero, característica de estos casos, no es la del ladrón violento, pues aprovecha el descuido para dar el tirón. No fuerza la voluntad del sujeto pasivo, aprovecha el momento en que no piensa en la defensa de la cosa[165].

En la doctrina argentina, Soler apunta que si se quita a alguien una cosa que lleva encima, sin que la víctima lo advierta, ya sea por pura destreza o por algún otro procedimiento no resistido (salvo que se haya colocado previamente a la víctima en esa situación por acción anterior violenta) no puede decirse que hay robo. El que de un tirón arrebata a una señora su cartera, comete robo y no hurto, aunque para ello no haya debido hacer gran despliegue de fuerza. Este caso es el que constituye el ejemplo típico de la rapiña[166].

Las opiniones vertidas anteriormente dan cuenta de una notoria diversidad de opiniones en la doctrina comparada, debido a la ausencia de una figura penal como nuestro criollo “robo por sorpresa”, delito respecto del cual es opinión dominante la de que se trata de un hurto, no de un caso de robo violento[167].

---

163 Muñoz Conde (2017), cit., pp. 356-357.

164 Rodríguez Devesa (1975), cit., p. 380.

165 Rodríguez Devesa (1975), cit., p. 380. Cita sentencias que califican estos hechos de robo con violencia.

166 Soler (1963), cit., pp.231-232.

167 Künsemüller (2024), cit., pp. 85 y s.s.

2. ROBO CALIFICADO

Artículo 433, números 1, 2 y 3 del Código Penal. (Ley 20.931, de 05.07.2019)

2.1. Características

1. El encabezamiento del artículo 433 —que según la opinión dominante es aplicable también al robo simple— establece las ocasiones en que ha de desplegarse la violencia o intimidación —antes durante o después de la apropiación— y los fines u objetivos a que deben tender estos medios, para facilitar la ejecución, para realizarla o para obtener la impunidad. Se contienen aquí los dos elementos configurativos del delito complejo, la vinculación fáctico-temporal que une a ambas agresiones y el nexo subjetivo que debe enlazarlas, para poder considerarlas en definitiva como una "unidad" delictiva y no aplicarle las reglas del concurso de delitos.

2. La descripción que efectúa el Código es considerada demasiado amplia "y un tanto barroca", pues distingue varios grupos de hechos y en cada uno de ellos describe diversas circunstancias que no siempre obedecen a una ideación central consistente: vida, libertad sexual, integridad física, libertad ambulatoria. En otros sistemas se tipifica el robo de manera más general y se penaliza separadamente la violencia o intimidación utilizada como medio de comisión[168].

3. Las penas asignadas son "altísimas", las más severas que contempla nuestro Código, al menos en los casos de los numerales 1 y 2[169]: presidio mayor en su grado máximo a presidio perpetuo calificado (Numeral 1); presidio mayor en su grado máximo a presidio perpetuo (Numeral 2).

---

168 Garrido (2008), cit., p. 194.

169 Oliver (2022), cit., p. 302.

2.2. *Robo con homicidio*

> "El culpable de robo con violencia o intimidación en las personas será castigado:
> Art. 433 N°. 1°: Con presidio mayor en su grado máximo a presidio perpetuo calificado cuando, con motivo u ocasión del robo, se cometiere, además, homicidio o violación".

1. Su carácter de "delito complejo" lleva a un sector de la doctrina a objetar esta categoría, "desaconsejable particularmente por las dificultades interpretativas que genera y por acentuar las situaciones de falta de proporcionalidad que alberga el Código Penal"[170].

La adscripción de este delito a los que atentan contra la propiedad vulnera el principio de técnica legislativa según el cual, en el caso de delitos pluriofensivos, el bien jurídico preeminente ha de determinar la posición de la figura en el sistema[171]. Como en la especie tal bien jurídico prioritario es la vida humana autónoma, es una tendencia legislativa bastante afianzada la de considerar al homicidio preordenado al robo como una modalidad del asesinato y no como un delito patrimonial[172].

2. En general, la doctrina distingue entre una figura básica o "simple" de este delito, tipificada en el inciso primero del artículo 436 y varias figuras calificadas o "agravadas", contempladas en el mismo artículo 433, entre las cuales se encuentra el robo con homicidio[173].

3. Con respecto a su naturaleza jurídica, ya hemos advertido que el robo con violencia o intimidación, al cual pertenece el robo calificado, es un "tipo complejo", es decir, una abrazadera típica en la que se integran dos agresiones a bienes jurídicos distintos, que no son tratadas como

---

170 Rodríguez, Luis (2009), "Robo con homicidio", en *Revista de Estudios de la Justicia*, N°. 11, Año 2009, p. 131.

171 Rodríguez (2009), cit., p. 131.

172 Rodríguez (2009), cit., p. 131.

173 Oliver (2022), cit., p. 290.

delitos independientes, sino como una unidad, un solo todo, amenazado con una pena única, siempre que se satisfagan los requisitos objetivos y subjetivos constitutivos de la complejidad. Se trata de "una estructura típica en la cual el legislador reúne dos atentados diferentes entre sí y ofensores de bienes jurídicos distintos, conformando una unidad específica, debido, fundamentalmente, a la estrecha conexión que existe entre esos dos atentados"[174].

El robo con homicidio es un delito complejo, que comprende un acto contra la propiedad y un atentado contra la vida, estando vinculados ambos actos ideológicamente[175].

4. En cuanto al origen de la figura, el texto original disponía "El culpable de robo con violencia o intimidación en las personas, sea que la violencia o intimidación tenga lugar antes del robo para facilitar su ejecución, o en el acto de cometerlo o después de cometido para favorecer su impunidad, será castigado con presidio mayor en su grado máximo a muerte… cuando con motivo u ocasión del robo resultare homicidio". La Ley 11.625, de 1954, añadió al homicidio, "violación o alguna de las lesiones comprendidas en los artículos 395, 396 y 397 número 1". El propósito central de la reforma, según aparece de la historia fidedigna del establecimiento de la ley, fue hacer frente al incremento que por esa época —según los autores de la iniciativa de ley— había experimentado el delito de robo, en el entendido que la mayor drasticidad redundaría en una disminución de los niveles de criminalidad[176].

Mediante la Ley 13.303, de 1959, se sustituyó la expresión "resultare" por "se cometiere además", modificación ésta que tuvo el mérito de quitarle al delito el carácter de calificado por el resultado que le era atribuido[177]. La actual redacción ha inclinado definitivamente la interpretación

---

[174] Bullemore / MacKinnon (2018), cit., p. 58; Oliver (2022), cit., p. 302.

[175] SCS, 04.11.1996, Legal Publishing 14089.

[176] Rodríguez (2009), cit., p. 133.

[177] Rodríguez (2009), cit., p. 133.

en favor de la tesis del delito complejo (exigencia de dolo con respecto al homicidio) en vez de calificado por el resultado[178].

El artículo 165 del Código Penal argentino castiga con reclusión o prisión de 10 a 25 años, si con motivo u ocasión del robo resultare un homicidio. La opinión dominante en la doctrina transandina es que se trata de un delito complejo, formado por dos tipos delictivos, el homicidio y el robo, que por razones político-criminales el legislador los ha aunado en un solo tipo penal. La jurisprudencia también ha adherido, en general, a la tesis del delito complejo, rechazando la figura del delito calificado por el resultado[179].

5. El concepto "robo" ha de ser interpretado en el sentido dado por el artículo 432 del Código Penal, esto es, apropiación de cosa mueble ajena, con ánimo de lucro, ejerciendo violencia o intimidación en las personas, en alguna de las oportunidades señaladas en el artículo 433.

La doctrina se encarga de recordar que la ley chilena asimila al robo el supuesto de un hurto seguido de violencia o intimidación posterior al apoderamiento, para asegurar la impunidad, esto es, un "hurto violento"[180].

6. El concepto "homicidio", apreciado como elemento normativo del tipo, posee un evidente contenido jurídico, referido al delito de homicidio (doloso) y no a la mera circunstancia de producirse una muerte —fortuitamente— aunque sea a consecuencia de los actos ejecutados para llevar a cabo la apropiación[181].

La exigencia de dolo con respecto al homicidio provoca la exclusión de la muerte que resulta fortuitamente y también la del homicidio culposo, toda vez que no resulta posible establecer un vínculo subjetivo —"de medio a fin"—

---

178 Etcheberry (1998), cit., p. 339; Garrido (2008), cit., p. 195.

179 Simaz, Alexis (2002), *El delito de homicidio con motivo u ocasión de robo*, Ad-Hoc, pp. 59 y s.s.

180 Oliver (2022), cit., pp. 298-299.

181 Rodríguez (2009), cit., pp. 136 y s.s.; Oliver (2022), cit., p. 304.

entre los actos de violencia imprudentes (no dolosos) y la apropiación[182].

Sólo el homicidio simple doloso es atrapado por el complejo quedando fuera del mismo los culposos, preterintencionales y en riña[183].

7. Las expresiones "con motivo u ocasión del robo" señalan el vínculo que debe unir a los actos de coacción con el apoderamiento, establecen una relación de subordinación del homicidio al acto de apropiación de cosa ajena[184].

En lo tocante al nexo fáctico-temporal, requerido por este delito complejo, la Corte Suprema, en un fallo de casación, ha establecido que "... este delito complejo de robo más homicidio, que la ley ha unificado en un tipo único, requiere de la real presencia de un mismo contexto de hecho, esto es, de conexión, enlace o trabazón, de los distintos movimientos individuales destinados a la consecución de las finalidades perseguidas o, lo que es lo mismo, es indispensable que esos movimientos constituyan una unidad de acción. Que lo dicho no significa que los distintos actos deban ser simultáneos, pero sí que, cronológicamente, no estén tan alejados que requieran de nuevas manifestaciones de voluntad, lo que nuestro Código Penal expresa en la frase "sea que la violencia o la intimidación tenga lugar antes del robo para facilitar su ejecución, en el acto de cometerlo o después de cometido para favorecer su impunidad".

"Así, es evidente, por ejemplo, que un homicidio cometido quince días después del hurto de una cosa, para evitar que el dueño de ella denuncie el hecho cometido, configura un concurso hurto-homicidio, pero no un robo con homicidio"[185]. En el caso resuelto a través de este fallo, la

182 Etcheberry (1998), cit., p. 339; Bullemore/MacKinnon (2018), cit., p. 60; Oliver (2022), cit., p. 304.

183 Simaz (2002), cit., p. 125.

184 Oliver (2022), cit., p. 306.

185 SCS, 17.01.1979, casación, Rol 21.049.

apropiación de las especies se llevó a cabo cuatro días después de cometido el homicidio.

Es de general aceptación en la doctrina que "con motivo" implica una relación de medio a fin, el homicidio se comete para robar, es para el autor un medio dirigido a lograr o facilitar la ejecución del delito[186]. La violencia debe estar al servicio de la apropiación[187]. Los términos "con ocasión" comprenden los casos en que "se mata al robar", el homicidio es un medio dirigido a lograr la seguridad o impunidad del hechor[188].

8. La determinación de cuáles figuras del tipo homicidio se entienden incluidas en la "unidad de acción" es un tema necesariamente abordado por la doctrina nacional, desde que, en teoría, serían dignos de consideración el parricidio, el homicidio calificado y el homicidio simple, en cuanto formas o modalidades de "matar a otro".

Determinado el "límite mínimo" del robo con homicidio (se excluyen los fortuitos y los culposos), queda por examinar el "límite máximo", es decir, si bajo el término "homicidio" se comprenden todas las formas de matar a otro o sólo algunas de ellas[189].

Sobre la base de distintos argumentos, anteriores y posteriores a la Ley 20.931, de 2016, los autores han coincidido en excluir al parricidio de la descripción típica del robo con homicidio. Mientras estuvo amenazado el robo con homicidio con pena inferior a la del parricidio, la exclusión se fundamentó en que resultaría inadmisible, desde la perspectiva de proporcionalidad de la pena, que por añadirse al parricidio un atentado a la propiedad, vendría a estar castigado el autor con menor pena. Una solución propuesta era

---

186 Etcheberry (1998), cit., pp. 341-342; Garrido (2008), cit., p. 195; Oliver (2022), cit., p. 306.

187 Vivanco (2007), El delito de robo con homicidio, *Lexis Nexis*, p. 17.

188 Etcheberry (1998), cit., p. 342; Garrido (2008), cit., p. 196; Oliver (2022), cit., p. 306.

189 Etcheberry (1998), cit., p. 340.

sancionar por parricidio, en concurso con robo simple o hurto, según las particulares circunstancias de comisión[190]. La otra, castigar únicamente por parricidio[191]. Debido a la equiparación de penalidad entre el robo con homicidio y el parricidio (Ley 20.931), el argumento basado en la proporcionalidad de la sanción "parece haberse diluido"[192]. No obstante, y en relación a la ley mencionada, se postula, pese a la equiparación de las penas, que el parricidio debe entenderse excluido del tipo de robo con homicidio. La conducta del que da muerte a alguno de los sujetos pasivos mencionados en el artículo 390, con el fin de apropiarse de una cosa mueble perteneciente a su víctima, realiza el tipo de parricidio, pero no el de robo con homicidio, debiendo ser sancionado como autor de parricidio, en concurso con un hurto o un robo simple, dependiendo de las modalidades de ejecución del acto de apropiación, toda vez que el marco penal del parricidio capta el desvalor de la muerte de ciertas personas, pero no el del apoderamiento de sus bienes[193]. Desde una perspectiva formal-sistemática, se argumenta que la cláusula de subsidiariedad expresa contenida en el encabezamiento del artículo 391 —"El que mate a otro y no esté comprendido en los artículos 390, 390 bis y 390 ter"— que exige que en el homicidio se mate a una persona distinta de las mencionadas en esos tres preceptos, impide entender que en el robo con homicidio pueda incluirse el parricidio. Además, refuerza este predicamento la circunstancia de que la Ley 21.212, de 2020, ubica al parricidio y al homicidio en distintos párrafos del Título IX; al primero de estos delitos en el párrafo 1, "Del parricidio" y al segundo, en el párrafo 1ter "del homicidio"[194]. La actual pena de presidio mayor en su grado máximo a presidio perpetuo calificado asignada al robo con homicidio, es suficiente —a juicio de algunos autores— para sostener la tesis

---

190 Etcheberry (1998), cit., p. 338; Garrido (8), cit., pp. 198-199.
191 Politoff / Matus / Ramírez (2005), p. 369; Rodríguez (2009), p. 183.
192 Bullemore / MacKinnon (2018), p. 163.
193 Oliver (2022), p. 305.
194 Oliver (2022), pp. 304-305.

contraria y absorber, por aplicación de las reglas de la subsidiariedad tácita, la gravedad del parricidio, femicidio y homicidio calificado[195], ilícitos éstos que quedarían entonces dentro de la órbita del homicidio cometido con motivo u ocasión del robo y no entrarían en régimen concursal.

Con respecto al homicidio calificado, es opinión dominante la de que esta figura queda comprendida dentro del concepto "homicidio", en cuanto medio para perpetrar la apropiación de cosa mueble ajena, con excepción del planteamiento de Garrido, que postula un concurso real entre este delito y el de robo con violencia, sancionable de acuerdo al artículo 75 del Código Penal, siempre que concurra la relación de medio a fin[196].

9. En cuanto al aspecto subjetivo, la doctrina nacional restringe el tipo complejo al homicidio simple doloso, excluyendo, por tanto, al homicidio culposo y, con mayor razón, a la muerte causada fortuitamente, estimándose suficiente el dolo eventual[197]. Sin embargo, frente al homicidio perpetrado "con motivo" del robo, varios comentaristas entienden exigible el dolo directo, dado que este vínculo presupone un grado de determinación que sólo es compatible con el dolo directo, quedando como aplicable el dolo eventual sólo a los casos del homicidio cometido "con ocasión" del robo, criterio acogido por alguna jurisprudencia[198].

10. Frente a una pluralidad de homicidios perpetrados por el mismo agente de la apropiación, es opinión compartida por varios autores nacionales la de que se configura un solo robo con homicidio, sin que el número de muertes altere la magnitud del castigo, sin perjuicio que la mayor extensión del mal sea considerada por el sentenciador con-

---

195 Matus / Ramírez (2021), cit., pp. 569-570.

196 Garrido (2008), cit., p. 199.

197 Etcheberry (1998), cit., p. 339; Matus / Ramírez (2021), cit., p. 567; Oliver (2022), cit., p. 308.

198 Garrido (2008), cit., p. 290; Rodríguez (2009), cit., p. 142; Oliver (2022), cit., p. 308; SCS 12.07.2007.

forme al artículo 69 del Código Penal[199]. Un criterio distinto es el que postula Garrido, para quien es acuerdo mayoritario de la doctrina el considerar que un sola muerte, más la apropiación, configura el robo con homicidio, debiendo las demás muertes causadas constituir delitos de homicidio independientes, en concurso material con el delito contra la propiedad[200].

2.3. *Robo con violación*

El delito de violación, definido en el artículo 361 del Código Penal, atentatorio de la libertad de autodeterminación sexual, aparece vinculado al robo —delito contra la propiedad— en el numeral 1° del artículo 433 del Código Penal, conjuntamente con el homicidio. (redacción introducida por la Ley 20.931) Esta vinculación es considerada artificiosa, desde que, por su naturaleza, la violencia —propia del robo— no va dirigida a la apropiación de especies, sino al acceso carnal[201].

1. Con motivo u ocasión del robo debe cometerse, además, violación.

Es opinión dominante en la doctrina nacional que es inimaginable una conexión subjetiva entre la violación y el apoderamiento, lo que torna imposible que la violación se cometa *con motivo* del robo[202]. En consecuencia, la única hipótesis admisible es aquella en que el acceso carnal se lleva a cabo *con ocasión* del robo, debiendo existir entre ambos delitos una conexión objetiva, una proximidad espacio-temporal[203]. Debe haber coetaneidad entre ambas

---

199 Etcheberry (1998), cit., p. 341; Bullemore / MacKinnon (2018), cit., p. 64; Oliver (2022), cit., pp.307-308.

200 Garrido (2008), cit., p. 197.

201 Etcheberry (1998), cit., p. 343.

202 Etcheberry (1998), cit., p. 343; Bullemore / MacKinnon (2018), cit., p. 65; Oliver (2022), cit., p. 313.

203 Bullemore / MacKinnon (2018), cit., p. 65; Oliver (2022), cit., p. 313.

ejecuciones en el ámbito temporal[204]. Resulta, entonces, inadmisible el violar *para* robar, pero aceptable el violar *al* robar.

2. La configuración de este tipo complejo supone la comisión de ambos delitos, el robo y la violación, con todos sus elementos o requisitos. Deberá existir una apropiación y violencia dirigida a obtenerla. Deberá existir acceso carnal y violencia dirigida a éste[205]. Se habla de acometimiento doble, porque en la apropiación del bien ajeno debe emplearse violencia o intimidación y estos mismos medios han de ser utilizados para lograr el concúbito sexual con el sujeto pasivo, sea o no el dueño de la cosa[206]. No se observa inconveniente en que unos mismos actos de coacción puedan estar dirigidos a los dos objetivos —apoderamiento y acceso carnal— pero si hay tales actos encaminados exclusivamente a la apropiación y el concúbito se logra sin violencia o intimidación, hay robo simple; del mismo modo, si tales medios ejecutivos se dirigen únicamente a obtener la cópula y la apropiación es clandestina o no violenta, habrá un concurso de violación con hurto[207]. Igual conclusión —concurso real— cabe adoptar si el ataque a la libertad sexual se ejecuta temporalmente alejado de la apropiación, cada hecho en ocasiones diferentes[208]. Faltará en estos casos el elemento *con ocasión.*

3. La disposición no requiere una identidad entre la víctima del atentado sexual y la víctima del acto de apropiación, siempre que la acción dirigida a lograr el concúbito sexual sea realizada con ocasión y en momentos inmediatos a la apropiación de la cosa mueble ajena[209]. La víctima de

---

[204] Garrido (2008), cit., p. 202.
[205] Etcheberry (1998), cit., p. 343.
[206] Garrido (2008), cit., p. 202.
[207] Etcheberry (1998), pp. 343-344.
[208] Garrido (2008), cit., p. 202.
[209] Garrido (2008), cit., p. 203; Oliver (2023), cit., p. 313.

la violación y la de la apropiación pueden ser distintas (marido y mujer, v. gr.)[210]

4. Ante la posibilidad de que el autor de un robo violento haya perpetrado varias violaciones, contra diferentes individuos, cabe reproducir lo expresado en el apartado 10° del capítulo sobre robo con homicidio. La opinión dominante, con excepción de la de Garrido[211], estima que el cúmulo de violaciones no altera la calificación del delito y que el exceso sólo debe incidir en la determinación de la pena, conforme a lo dispuesto en el artículo 69 del Código Penal.

5. Solamente el dolo, tanto el propio del robo como de la violación, satisface la faz subjetiva del tipo en análisis, de modo que la voluntad del agente debe haber comprendido tanto la apropiación de cosa mueble ajena, como el acceso carnal a la víctima, en alguna de las formas descritas en el artículo 361 del estatuto punitivo.

No es exigible que ambas voluntades surjan conjuntamente desde el comienzo de la actuación del sujeto activo, ya que el núcleo de la figura es el robo (la apropiación), por lo que es el ánimo de apropiación el que debe existir desde el inicio de la conducta antijurídica; el dolo propio de la violación puede surgir con ocasión de la agresión a la propiedad ajena, esto es, cuando ella ya se puso en ejecución, siempre que se dé la proximidad espacio-temporal, la conexión objetiva entre ambas acciones.

El delito de robo calificado consiste en que, con ocasión del robo con violencia o intimidación, se cometiere, además, violación. Ello significa, que la base del delito es el que afecta la propiedad y su complemento o agregado es la violación. El dolo inicial debe ser el de apropiarse de cosa mueble ajena y contra la voluntad de su dueño con violencia o intimidación; y luego, coetáneo o posterior, el dolo directo del acceso carnal en alguna de las situaciones

---

210 Etcheberry (1998), cit., p. 344.
211 Garrido (2008), cit., p. 203.

contempladas en el artículo 361 del Código Penal, pero no al revés, en que primero sea la violación. En tal caso, de concurrir los elementos del tipo para ambos ilícitos, se tratará de un concurso material, pero no robo calificado[212]. El surgimiento del dolo de apropiación con posterioridad a la consumación del acceso carnal o durante su realización, impide el robo calificado[213].

2.4. Robo con mutilaciones o lesiones gravísimas

1. El numeral 2º del artículo 433 del Código Penal establece que se sanciona al culpable de robo con violencia o intimidación en las personas, con la pena de presidio mayor en su grado máximo a presidio perpetuo cuando, con motivo u ocasión del robo, se cometiere alguna de las lesiones comprendidas en los artículos 395, 396 y 397 número 1º.

2. Esta figura de robo calificado no ha concitado mucho interés de la doctrina, probablemente porque la mayoría de las consideraciones que suscita el robo con homicidio, resultan también aplicables a esta modalidad[214].

3. Se trata, al igual que las figuras anteriores, de un delito complejo o pluriofensivo, toda vez que, además de afectarse intereses patrimoniales, se lesiona la integridad física o la salud del sujeto pasivo[215].

4. En el plano objetivo, es exigible la misma vinculación entre apropiarse y lesionar (mutilar) que en el robo con homicidio, esto es, el atentado a la salud/integridad física debe cometerse con motivo u ocasión del apoderamiento. En otros términos, se lesiona *para* robar o se lesiona *al* robar[216].

---

212 SCA Concepción, 27.10.2008, *Legal Publishing* 40454.
213 Oliver (2022), cit., p. 317.
214 Oliver (2022), cit., p. 316.
215 Oliver (2022), cit., p. 316.
216 Oliver (2022), cit., p. 317.

5. Las mismas razones hechas valer en el robo con homicidio, conducen a aceptar que puedan ser personas distintas la víctima de la apropiación y la de las lesiones corporales. A esta consideración se agrega la de que si en la hipótesis más grave (robo con homicidio) el delito es uno solo, aun cuando haya más de un individuo afectado, con mayor razón debe concluirse lo mismo en la figura de menor gravedad (robo con lesiones)[217].

La pluralidad de lesionados no altera la configuración de un solo delito de robo calificado, teniendo influencia sólo en la determinación de la cuantía de la pena, conforme al artículo 69 del Código Penal[218].

6. En cuanto a la faz subjetiva, tratándose de las lesiones gravísimas, es aceptada su perpetración con dolo directo o eventual. Pero, en el caso de la castración y demás mutilaciones, atendidas las expresiones "maliciosamente" y "con malicia", el dolo queda restringido al directo[219]. Discrepa de la opinión mayoritaria Oliver, quien postula una distinción, según si las lesiones se cometen con motivo o con ocasión del robo. En este último caso, debe distinguirse según si se obra con dolo directo o con dolo eventual. Si concurre esta segunda forma de dolo, podrá tratarse sólo de lesiones gravísimas, no de mutilaciones[220]. En todo caso, le asiste razón a Etcheberry, en cuanto a que desde un punto de vista práctico, las mutilaciones cometidas con dolo eventual serían punibles a título de lesiones gravísimas y siempre quedarían comprendidas en el artículo 433 N°. 2. (El texto se refiere al antiguo artículo 433 N°. 1).

217 Oliver (2022), cit., p. 317.

218 Oliver (2022), cit., p. 317.

219 Etcheberry (1998), cit., p. 344; Politoff / Matus / Ramírez (2005), cit., p. 571; Garrido (2008), cit., p. 294.

220 Oliver (2022), cit., p. 318.

2.5. Robo con retención

La última figura del tipo penal del artículo 433 Nº. 3 comprende la retención de las víctimas bajo rescate o por un lapso mayor a aquel que resulte necesario para la comisión del delito.

1. En la redacción anterior a la Ley 20.931, el precepto sancionaba la retención "bajo rescate o por más de un día", siendo válidas las observaciones a propósito de ambos textos, respecto de la posibilidad de concurso con los delitos atentatorios de la libertad ambulatoria, lo que evidencia el carácter de *delito complejo*, cuya existencia demanda tanto una apropiación de cosa ajena como una retención de personas[221].

2. Si bien el texto legal no exige que la privación de libertad sea *con motivo u ocasión del robo*, este requisito es sin duda esencial y no existen razones para que esta exigencia no se entienda subentendida[222]. La conexión tanto objetiva como subjetiva entre la privación de libertad y el acto expropiatorio es evidente, obvia[223].

3. La referencia a una retención por un lapso mayor a aquel que resulte necesario para la comisión del delito, se explica por la circunstancia de que el robo simple lleva implícita la privación de libertad de un individuo, al menos por unos instantes, la que se ve absorbida por el atentado patrimonial, en caso de que no exceda el tiempo necesario para su perpetración. Sólo si la modalidad del secuestro excede ese tiempo, determinable en cada caso, surgirá el robo calificado[224].

4. No es necesaria una identidad entre la víctima del robo y la persona retenida. La multiplicidad de personas

---

[221] Etcheberry (1998), cit., pp. 344-345; Politoff / Matus / Ramírez (2005), cit., p. 372; Oliver (2022), cit., p. 320.

[222] Garrido (2008), cit., p. 205; Oliver (2022), cit., p. 321.

[223] Bullemore / MacKinnon (2018), cit., p. 66.

[224] Oliver (2022), cit., p. 321.

privadas de libertad no altera la existencia de un solo delito de robo calificado, lo que se ve ratificado por el hecho de que el artículo 433 Nº. 3 habla de "las víctimas"[225].

5. La voz "rescate" significa el requerimiento de un precio a cambio de la puesta en libertad de la persona retenida, debiendo entenderse por tal cualquier beneficio susceptible de apreciación pecuniaria, vinculado con el delito de robo[226]. No es un requisito típico que el hechor obtenga éxito en su pretensión, el robo surge aún cuando no se pague el precio exigido a cambio de la liberación de los rehenes[227].

6. El propósito de privar de su libertad ambulatoria a la víctima puede estar presente desde el inicio de la ejecución del delito o surgir con posterioridad, lo único exigible es que la voluntad de apropiación se manifieste desde un comienzo. En consecuencia, si primero se efectúa la privación de libertad y posteriormente nace la voluntad de apropiación, se configura un concurso material integrado por un delito de secuestro (en la modalidad que se configure) y uno de hurto o robo, según corresponda[228].

7. Con respecto a la tipicidad subjetiva, la retención de personas exige dolo directo, ya que es el único compatible con la conducta descrita[229]. A propósito del tipo de secuestro (art. 141), se requiere en la hipótesis del inciso tercero —"para obtener un rescate"— dolo directo[230].

---

225 Oliver (2022), cit., p. 321.

226 Etcheberry (1998), cit., p. 344; Garrido (2008), cit., p. 206; Oliver (2022), cit., p. 320.

227 Garrido (2008), cit., p. 206.

228 Oliver (2022), cit., p. 321.

229 Oliver)2022), cit., p. 321.

230 Oliver (2022), cit., p. 52.

2.6. Robo con lesiones simplemente graves

El numeral 3° del artículo 433 del estatuto punitivo incluye en el tipo de robo calificado la comisión de las lesiones de que trata el artículo 397 N°. 2 del Código Penal, esto es, las que producen enfermedad o incapacidad para el trabajo por más de treinta días.

1. En cuanto a si esta figura comprende sólo las lesiones cuya realización es mediante herir, golpear o maltratar de obra a otro o si debe incluirse también el caso previsto en el artículo 398 del Código Penal, las opiniones están divididas[231]. El examen de la doctrina arroja como criterio dominante que la remisión es sólo a las lesiones del N°. 2 del artículo 397 del Código Penal, por respeto al principio de legalidad.

2. La exigencia de que estas lesiones se cometan *con motivo u ocasión* del robo debe entenderse implícitamente comprendida en la figura, del mismo modo que en el robo con retención. Si este nexo no concurre en un caso concreto, será aplicable el respectivo concurso material de delitos[232].

3. Sólo integran el delito complejo las lesiones dolosas, quedando excluidas las atribuibles a culpa, que podrán, eventualmente, concurrir en concurso.

---

231 Garrido (2008), cit., p. 296; Oliver (2022), cit., p. 319; Etcheberry (1998), cit., p. 345; Bullemore / MacKinnon (2018), cit., p. 66.

232 Oliver (2022), cit., p. 319.

Capítulo IV

Propuestas de reforma

En esta sección damos a conocer las diferentes propuestas de reforma del Código Penal, a las que hemos tenido acceso en nuestra investigación, dirigidas a modificarlo, en la materia que interesa al presente estudio.

1. PROYECTO ERAZO/FONTECILLA 1929

Conforme al artículo 154, el delito de robo lo comete el que, con el propósito de ejecutar el hecho a que se refiere el artículo 152 (hurto), o durante su ejecución, o inmediatamente después de cometerlo para procurar su impunidad, ejerciera violencia sobre una persona, o de cualquier manera la imposibilitare para resistir o la intimidare.

El precepto siguiente (155) establece que en los casos del artículo anterior se impondrá la pena de reclusión:

1. Si el autor hubiere amenazado de muerte a una persona o le hubiere inferido una lesión de las previstas en el artículo 93 (calificables de graves);
2. Si el robo se hubiere perpetrado llevando armas;
3. Si se hubiere ejecutado en unión de más de dos personas, o por un individuo afiliado a una banda, o en despoblado y durante la noche, o con ocasión de incendio o de otra calamidad o desgracia;
4. Si por cualquier otra circunstancia el hecho denotare que el autor es singularmente peligroso.

Para estimar si el robo se comete con armas, se estará a lo dispuesto en el artículo 275n(la misma norma del art. 132 del Código Penal).

2. PROYECTO SILVA/LABATUT, 1938

En el artículo 194 se describe el hurto como "El que en provecho suyo o de un tercero, se apodera ilegítimamente de cosa mueble total o parcialmente ajena".

El robo lo comete el que para perpetrar el delito previsto en el artículo 194, emplea violencia o intimidación en las personas, antes, en el acto de cometerlo o después de cometido.

De acuerdo al artículo 203, por violencia o intimidación en las personas se entiende el empleo de fuerza material o de coacción moral, respectivamente. Se asimila a la violencia el empleo de medios hipnóticos o de narcóticos.

3. APCP 2005

De acuerdo al artículo 153, "el que mediante violencia o intimidación se apropie de cosa mueble ajena obteniendo su entrega o manifestación o impidiendo la resistencia u oposición a que se quite, sea que la violencia o intimidación tenga lugar antes de la apropiación para facilitar su ejecución, en el acto de cometerla o después de cometida para asegurarla o favorecer su impunidad, será castigado con la pena de reclusión menor en su grado máximo a reclusión mayor en su grado mínimo".

El inciso 2° estatuye que se incrementa la pena cuando se ha hecho uso de armas y se haya puesto en peligro la vida o la integridad corporal de quienes se encontraban en el lugar.

> "Con todo, cuando no se hayan usado armas y en atención a la menor entidad de la violencia o intimidación ejercidas y valorando, además, las restantes circunstancias del hecho, podrá imponerse la pena inferior en grado" (inciso 3°).

El artículo 242, apartado 4° del Código hispano prescribe que en atención a la menor entidad de la violencia o intimidación ejercidas y valorando además las restantes circunstancias del hecho, podrá imponerse la pena inferior en grado a la prevista para el robo con violencia o intimidación[233].

4. APCP 2013

De acuerdo al artículo 311, comete robo el que "sin el consentimiento del dueño quitare a otro una cosa mueble ajena para apropiársela o para que un tercero se la apropie, constriñendo mediante violencia o amenaza grave a otro tolerar el apoderamiento de la cosa o a facilitarlo, y sea manifestándola o entregándola"..

El inciso 2° precisa que, para los efectos del inciso precedente, se entiende que la coacción al dueño excluye su consentimiento.

El "Hurto violento" está tipificado en el artículo 312, y es autor del mismo el que mediante violencia o amenaza grave impidiere a otro la legítima defensa de la propiedad o la recuperación legítima de la tenencia de la cosa mueble que ha sido objeto de un hurto reciente.

Los artículos 313 y 314 prevén agravaciones de la pena si con motivo u ocasión de cualquier de los delitos previstos en los artículos 311 o 312 se pusiere a la víctima a un tercero en peligro para su persona o se matare a la víctima o al tercero puesto en peligro o se le causare lesiones graves.

Cabe hacer notar que de acuerdo al inciso 2° del artículo 314, procederá la consideración de una agravante si con ocasión de la comisión de los delitos antedichos se causare la muerte o lesiones graves a la víctima o a al tercero puesto

---

233 Muñoz Conde (2017), cit., p. 362.

en peligro y ello fuere imputable a imprudencia temeraria o simple imprudencia.

5. APCP 2015

Es autor del delito de robo el que, sin el consentimiento de su dueño y mediante violencia o amenaza grave, se apropiare, para sí o un tercero, de una cosa mueble ajena, sustrayéndola de otro. (artículo 283, inciso 1°)

Se entenderá que la apropiación tiene lugar mediante violencia o amenaza grave si cualquiera de éstas es ejercida antes, durante o después de la sustracción de la cosa, para posibilitar o favorecer la apropiación de ésta. No obsta a la configuración del robo que la violencia o amenaza grave sea ejercida para la manifestación o entrega de la cosa. (artículo 283, inciso 2°)

Una agravante calificada se tendrá por concurrente si con motivo u ocasión de la perpetración del hecho se pusiere al afectado o a un tercero en peligro grave para su vida o salud corporal. (artículo 283, inciso 3°)

6. APCP 2018

Esta propuesta sirvió de base al proyecto enviado en Enero de 2022 al Congreso Nacional por el Poder Ejecutivo.

Conforme al artículo 316, perpetra el delito de robo quien, sin el consentimiento del dueño, se apoderare de una cosa mueble ajena que se encontrare en poder de otro, para apropiársela o para que un tercero se la apropiare, ya sea impidiendo mediante violencia o amenaza grave la oposición de resistencia a que se la quitare o constriñendo con los mismos medios a su manifestación o entrega.

El "Hurto seguido de violencia o amenaza grave" se halla tipificado en el artículo 317: "El que mediante violencia o amenaza grave impidiere a otro la recuperación lícita de la cosa mueble que hubiere sido objeto de un hurto reciente...".

7. PROYECTO OFICIAL DE 06 DE ENERO 2022

En este texto se reproducen íntegramente los artículos 316 y 317 del APCP 2018.

8. PROYECTO DE CÓDIGO PENAL PARA CHILE (2016)

No es fruto de una comisión designada al efecto, sino del esfuerzo y labor de su único redactor, el Profesor Alfredo Etcheberry.

El artículo 230 tipifica el delito de robo con violencia en las personas en los siguientes términos:

> "Si con el propósito de apropiarse de las cosas ajenas se empleare violencia para obtener la entrega o manifestación de las mismas o impedir la resistencia u oposición al apoderamiento, sea antes de la apropiación, para facilitar su ejecución, en el acto de cometerla, o después de cometida, para asegurarla o favorecer su impunidad".

En el inciso 2° se prevé la circunstancia de que a consecuencia de la violencia empleada resultaren la muerte o lesiones graves de alguna de las víctimas, estableciéndose que por separado se impondrán las penas correspondientes a los respectivos delitos. Esta misma regla se observará si con ocasión del robo se cometiere además un delito contra la libertad o indemnidad sexual de la víctima o contra su libertad personal.

Bibliografía

BELTRÁN BALLESTER, E., *El hurto de hallazgo (Protección penal de la propiedad perdida en la legislación española, histórica y actual)*, U. de Valencia, 1979.

BERNAL DEL CASTILLO, J., *Elementos de agravación del robo con fuerza en las cosas: casa habitada y establecimiento o local abiertos al público*, en Actualidad Jurídica Aranzadi, año VII, Nro. 307, septiembre, 1997.

BLASCO FERNÁNDEZ DE MOREDA, F., *Hurto*, en Enciclopedia Jurídica Omeba, t. XIV, Editorial Bibliográfica Argentina, 1961.

BUENO ARÚS, F., *Algunas consideraciones sobre la protección de la propiedad en el Anteproyecto de Código Penal español de 1992, desde una perspectiva constitucional*, en Actualidad Penal 1992-2.

BULLEMORE V.; MACKINNON J., *Curso de Derecho Penal*, t. IV, Parte Especial, 2ª edición, Lexis Nexis, 2007.

BUSTOS RAMÍREZ, J., *Manual de Derecho Penal. Parte Especial*, 2ª edición, Ariel, 1991.

BUSTOS, J./POLITOFF, SERGIO, "Los delitos de peligro", en *RCP*, t. XVII, Nº. 1, 1969.

CARNEVALI, R., "¿Es el Derecho Penal que viene? A propósito de la ley 19.950 que modifica el delito de hurto", en *La Semana Jurídica*, Nro. 192, julio de 2004.

CEREZO MIR, J., *Derecho Penal. Parte General*, BdeF, Montevideo-Bs. Aires, 2008.

COBO DEL ROSAL, M./VIVES ANTÓN T., *Derecho Penal. Parte General*, 5ª edic., Tirant lo Blanch, Valencia, 1999.

DAMIANOVICH DE CERREDO, L., *Delitos contra la propiedad*, 3ª edic, Edit. Universidad, Bs Aires, 2000.

DE LA FUENTE HULAUD, F., "Los lugares de comisión del delito de robo con fuerza en las cosas: una clasificación bipartita", en *Delito, Pena y Proceso. Libro Homenaje a la memoria del Profesor Tito Solari Peralta*, Edit. Jurídica, 2008.

DE LA MATA BARRANCO, N., *Tutela penal de la propiedad y delitos de apropiación. El dinero como objeto material de los delitos de hurto y apropiación indebida*, PPU, Barcelona, 1994.

DE VICENTE MARTÍNEZ, R., "Los delitos de robo: dos cuestiones interpretativas", en *Actualidad Penal*, Nro. 1997-2.

— *El delito de robo con fuerza en las cosas,* Tirant lo blanch, Valencia, 1999.

— *El delito de robo y hurto de uso de vehículos,* Tirant lo blanch, Valencia, 2007.

DEL ROSAL, J., "Consumación en el hurto y otros problemas penales", en *Anuario de Derecho Penal y Ciencias Penales,* enero-abril 1949, T.II, fasc. I.

DIAZ ESPINOZA, A., "De los hurtos", en *Revista de la Justicia Penal* Nro 3, septbre. 2008.

DONNA, E.A., *Delitos contra la propiedad,* 2ª edic., Rubinzal-Culzioni, Bs Aires, 2008.

ETCHEBERRY ORTHUSTEGUY, A., *Derecho Penal. Parte Especial,* T, III, 3ª edic., Edit. Jurídica, 1998.

FERNÁNDEZ GARCÍA, E.M., "El robo con fuerza en las cosas", en VV.AA., *Delitos contra el patrimonio. Delitos de apoderamiento, Consejo General del Poder Judicial,* Madrid, 2004.

FONTAN BALESTRA, C., *Derecho Penal. Parte Especial,* 16ª edic., actualizada, Lexis Nexis, 2002.

FRÍAS CABALLLERO, J., " Consumación del delito de hurto", en *Doctrina Penal. Teoría y Práctica de las Ciencias Penales,* año 14, 1991- 8.

GARCÍA CARVAJAL, E., *El hurto de uso,* Edit. Universitaria, Santiago, 1962.

GARRIDO MONTT, M., *Derecho Penal. Parte Especial,* t. IV, 4ª edic., Edit. Jurídica, 2008.

GIMBERNAT, E. "El comportamiento típico en el robo con homicidio", en *ADPCP,* t. XVII, septbre-dicbre1964.

GÓMEZ BENITEZ, J.M., "Delitos contra el patrimonio (hurtos, robos, estafas e insolvencias punibles)", en *Documentación Jurídica,* Nro. 37-40, vol. 2, 1983.

GONZÁLEZ CUSSAC, J.L., "Los delitos contra el patrimonio en la reforma penal de 2003", en *Cuadernos de Derecho Judicial, Las Ultimas Reformas Penales,* 2005, III.

GONZÁLEZ RUS, J., "Delitos contra el patrimonio y contra el orden socio-económico", en Cobo del Rosal(coord..), *Derecho Penal Español. Parte Especial,* 2ª edic., Dykinson, 2005.

GUZMÁN DALBORA J.L., "El robo por sorpresa y la actividad del carterista", en *Gaceta Jurídica*, Nro. 236, 2000.

HERNÁNDEZ BASUALTO, H., " La nueva regulación del hurto-falta no consumado", en *La Semana Jurídica*, Nro. 344, junio 2007.

HASSEMER, W., *Fundamentos del Derecho Penal*, traducción de Francisco Muñoz Conde y Luis Arroyo Zapatero, Bosch,1984.

HIRSCH, H., *Strafrechtliche Probleme. Schriften aus drei Jahrzehnten*, Duncker & Humblot, 1999.

JESCHECK, H., *Beiträge zum Strafrecht*, 1980-1998, Duncker & Humblot, 1998.

KAUFMANN, A., *Das Schuldprinzip*, Prólogo a la primera edición y texto,1961; 2ª edición 1976.

KÜPER, W./ZOPF, J., *Strafrecht.Besonderer Teil, 9. Auflage*, C.F. Müller,2015.

KINDHÄUSER U., "La apropiación en el hurto: objeto y límites", (Pastor Muñoz (trad.), en Kindhäuser, *Estudios de Derecho Penal patrimonial*, Grijley, 2002.

KÜNSEMÜLLER C., "Delimitación entre los tipos penales de robo con violencia en las personas y robo por sorpresa", en *Gaceta Jurídica*, Nro. 195, 1995.

— "Delito de robo por sorpresa. Delimitación del robo con violencia", en Temas de Derecho, *Revista de la U. Gabriela Mistral*, Edic. Especial, año XI, 1996, Nros. 1 y 2.

— "Hurto-Hurto de Uso. Jurisprudencia Comentada", en *Temas de Derecho*, U. Gabriela Mistral, año XIII, Nros 1 y 2, 1998.

— "Delitos de Hurto y Robo. Una reforma inaplazable en el Código Penal chileno", en *El Penalista Liberal. Libro de homenaje a la memoria del profesor Manuel de Rivacoba y Rivacoba*, Hammurabi, 2004.

— "El robo por sorpresa no es una modalidad genuina de robo", en *Revista de Derecho y Ciencias Penales*, Facultad de Derecho, U. San Sebastián, Nro. 7, 2005.

— "Los principios cardinales del ius puniendi a la luz de algunos delitos contra la propiedad contemplados en el Anteproyecto de Código Penal redactado por el Foro Penal", en *Política Criminal*, Nro. 1, 2006, A-3.

— "Delitos de hurto y robo: las propuestas de reforma del profesor Jorge Mera versus la política criminal chilena", en *Justicia Criminal y Dogmática Penal en la era de los Derechos Humanos. Estudios en homenaje a Jorge Mera Figueroa,* Thomson Reuters, 2021.

— El Principio *Nulla Poena Sine Culpa,* Tirant lo Blanch, 2022.

— *Delitos contra los valores patrimoniales cometidos mediante apropiación por medios materiales,* Tirant lo Blanch, 2024.

LABATUT GLENA, G., *Derecho Penal,* T. II, 7ª edic., actualizada por Julio Zenteno Vargas, Edit. Jurídica, 2000.

MAÑALICH RAFFO, J.P., "El hurto-robo frente a la autotutela y la legítima defensa de la posesión", en *Revista de Estudios de la Justicia,* U. de Chile, Nro. 7, 2006.

MARTÍNEZ, M., *El delito de robo con homicidio,* Bosch,1988.

MATA Y MARTIN, R., *El delito de robo con fuerza en las cosas,* Tirant lo blanch, 1995.

MERA FIGUEROA, J., "Protección penal de la propiedad y posibilidades rectificadoras de la dogmática", en *Cuadernos de Análisis Jurídico,* U. Diego Portales, Nro 21, 1992.

— *Hurto y Robo,* Lexis Nexis, 1995.

— *Derechos Humanos en el derecho penal chileno,* Conosur, 1998.

— "Delitos contra la propiedad. Revisión Crítica y propuestas de reforma", en *Revista de Estudios de la Justicia,* Facultad de Derecho, U. de Chile, Nro 13, 2010.

MILLÁN GUTIÉRREZ, I., "Algunos tópicos actuales en el delito de robo en lugar habitado o destinado a la habitación", en *Gaceta Jurídica,* Nro. 302, 2005.

MUÑOZ CONDE, F., "La reforma de los delitos contra el patrimonio", en *Documentación Jurídica,* Vol. 1, Nro 37/40, 1983.

— *Derecho Penal. Parte Especial,* 21ª edición, Tirant lo blanch, 2017.

NOVOA EDUARDO., E., "Comentario a sentencia de la Corte Suprema de 30 de enero de 1995. Robo en lugar destinado a la habitación. Casa de veraneo", en *Revista de Ciencias Penales,* 3ª época, Nro 1, t. XXXIV, enero-junio 1975.

OJEDA SALDIVIA, A., Hurto de hallazgo, Edit. Jurídica, 1968.

OLIVER, G., "Análisis críticos de las últimas modificaciones legales en materia de hurto-falta", en *Revista de Derecho, Pontificia,* U. Católica de Valparaíso, vol. XXVI, primer semestre, 2005.

OLIVER, G., " Estructura típica común de los delitos de hurto y robo", en *Revista de Derecho,* Pontificia Universidad Católica de Valparaíso, vol. XXXVI, primer semestre de 2011.

— Delitos contra la propiedad, *Legal Publishing,* Thomson Reuters, 2013.

— "Delitos contra la propiedad", en *Derecho Penal. Parte Especial,* Vol. II, Luis Rodríguez Collao (Director), Derecho PUCV, Tirant lo Blanch, 2022.

ORTIZ, L./ARÉVALO, J., *Las Consecuencias Jurídicas del Delito,* Edit. Jurídica, 2013.

PEZOA, SILVIA, O., *El delito de robo con fuerza en las cosas,* Edit. Universitaria, 1960.

POLITOFF, MATUS, RAMIREZ, *Lecciones de Derecho Penal Chileno, Parte Especial,* 2ª edic., Edit. Jurídica, 2005.

QUINTANO RIPOLLÉS, A., *Tratado de la Parte Especial del Derecho Penal,* t. II, Infracciones penales de apoderamiento, 2ª edic., Edersa, 1977.

QUINTERO OLIVARES, G., *¿Adónde va el Derecho Penal? Reflexiones sobre las leyes y los penalistas españoles,* Civitas, 2004.

ROBLES PLANAS, R., "¡Delitos contra el patrimonio", en Silva Sánchez (edit.), Ragués i Vallés (coord..), *Lecciones de Derecho Penal. Parte Especial,* 2ª ed., Atelier, 2009.

RODRÍGUEZ DEVESA, J.M., "Consideraciones generales sobre los delitos contra la propiedad", en *Anuario de Derecho Penal y Ciencias Penales,* t. XIII, fasc. 1, enero-marzo, 1960.

RODRÍGUEZ, L. "Robo con homicidio", en *REJ,* N°. 11, 2009.

RODRÍGUEZ, T., *Delitos de peligro. Dolo e imprudencia.* Colección Autores de Derecho Penal, Edgardo Donna (dir.), Rubinzal Culzoni, 2004.

— *Derecho Penal Español. Parte Especial,* 18ª edic., Dyckinson, 1995.

SÁNCHEZ MORENO, J., *El Hurto,* Bosch, 1999.

— *El robo con fuerza en las cosas,* Bosch, 2000.

SANHUEZA ROMERO, J., "Delitos de hurto y robo con fuerza en las cosas", en *Revista de Derecho de la U. de Concepción,* año LXIX, nro 209, enero-junio 2001.

SCHEPELER VÁSQUEZ, E., *El delito de hurto. Estudio de doctrina, de jurisprudencia y de legislación comparada,* 1939.

SIMAZ, L., *El delito de homicidio con motivo u ocasión de robo. Un análisis dogmático del art. 165 del Código Penal*, Ad Hoc, 2002.

VALMAÑA OCHAITA, SILVIA., *El tipo objetivo de robo con fuerza en las cosas*, Ministerio de Justicia, Secretaría General Técnica, Centro de Publicaciones, 1993.

VARGAS, T., *Delitos de peligro abstracto y resultado. Determinación de la incertidumbre penalmente relevante, Aranzadi*, 2007.

VIVANCO, J., *El delito de robo con homicidio*, Lexis Nexis, 2007.

ZUGALDIA ESPINAR, J.M., *Los delitos contra la propiedad y el patrimonio*, Akal, 1988.

— "Los delitos contra la propiedad, el patrimonio y el orden socio-económico en el nuevo Código Penal", en *Cuadernos de Política Criminal*, Nro. 59, 1996.